管 理 研 究

2021 年第 2 辑

邓大松　向运华　主编

中国金融出版社

责任编辑：赵晨子
责任校对：潘　洁
责任印制：丁淮宾

图书在版编目（CIP）数据

管理研究.2021年.第2辑/邓大松，向运华主编.—北京：中国金融出版社，2023.4
ISBN 978 – 7 – 5220 – 1909 – 3

Ⅰ.①管…　Ⅱ.①邓…②向…　Ⅲ.①管理学—研究　Ⅳ.①C93

中国国家版本馆 CIP 数据核字（2023）第 035750 号

管理研究.2021年.第2辑
GUANLI YANJIU. 2021 NIAN. DI-2 JI
出版　中国金融出版社
发行
社址　北京市丰台区益泽路 2 号
市场开发部　（010）66024766，63805472，63439533（传真）
网 上 书 店　www.cfph.cn
　　　　　　（010）66024766，63372837（传真）
读者服务部　（010）66070833，62568380
邮编　100071
经销　新华书店
印刷　北京九州迅驰传媒文化有限公司
尺寸　169 毫米×239 毫米
印张　7
字数　96 千
版次　2023 年 4 月第 1 版
印次　2023 年 4 月第 1 次印刷
定价　30.00 元
ISBN 978 – 7 – 5220 – 1909 – 3
如出现印装错误本社负责调换　联系电话（010）63263947

编 委 会

（按拼音排序）

目 录
○○○ contents

大数据时代地方政府决策风险的态势及其治理研究

◎罗依平　胡平平

湘潭大学公共管理学院，湖南湘潭，411105

摘　要：大数据时代下，政府决策在治理过程中呈现出精准决策、精准施策、精准管理等特点。数字技术的赋能和应用给地方政府决策带来了新机遇，但在这一背景下，政府决策风险的构成也日益复杂，其主要分为决策性风险和施策性风险，分别包括治理环境风险、数据质量及汇聚风险、分析偏差风险及公众认知风险和公民隐私泄露风险。为完善公共决策风险治理体系，应当从加强法律建设、提升数据质量、消除信息孤岛、增强公民参与、保护公民隐私五个方面降低决策中出现的各种风险。

关键词：地方政府决策；决策风险；大数据时代

一、引言

2015 年国务院印发《促进大数据发展行动纲要》，首次从国家层面认定数据是国家的基础性战略资源，大数据成为提升政府治理能力的新途径。2020 年的"十四五"规划建议中也明确提出：迎接数字时代，提高数字政府建设水平，"将数字技术广泛应用于政府管理服务，不断提高决策科学性和服务效率"。可见，数字政府转型已经成为大数据时代下的共同趋势，在这一背景下，政府决策风险的目标方向和表现形式发生了深刻变化，对各个地方政府的治理能力也提出了更高的要求。如 2017 年的九寨沟 7.0 级大地震、2020 年新冠病毒的暴发、2021 年新冠变异毒株"德尔塔"持续扩散、同年 7 月中旬河南强降雨导致汛灾，这些重大公共危机事件都考验了地方政府运用各种技术手段进行决策、应对风险的能力，大数据在其中也都发挥了至关重要的作用。

风险与机遇并存。尽管数字技术的赋能和应用给地方政府决策带来了新机遇、提供了新渠道，但这也使其在自身决策的过程中风险进一步提升。习近平总书记在党的十九大报告中指出，要坚决打好防范化解重大风险、精准脱贫、污染防治三大攻坚战。其中，化解重大风险排在第一位。为有效降低决策中出现的各种风险，我国地方政府也逐渐有意识地利用大数据的相关理念和技术对决策、施策、管理过程进行优化调整，提出应对策略以完善公共决策风险治理体系。

二、相关文献综述及综合述评

在对风险的理解方面，不同研究者对风险定义的复杂程度反映了风险概念本身的复杂性。本文所研究的风险参考靳凝等学者的解释，主要是指在中国不断发展的背景下，不确定性对党和政府在社会治理过程中产生的负面影响。这些风险因素导致的严重的公共政策失误可能造成政府危机，而较为普遍的失误也会导致政府公信力下降，政治制度受到侵蚀等后果。

在防范化解重大风险方面，各专家学者主要从治理主体及参与、治理体系机制研究、治理路径研究给予分析讨论。在治理主体及参与方面，范慧（2021）认为，风险的普遍伤害性意味着风险主体日益多元化，为规避风险，必须为政府、市场等治理主体构建共同治理模型。在治理意识方面，需向共同体内化型治理意识转变，从单向问责型向风险共担型治理主体转变。在治理体系机制研究方面，沈永东，陈天慧（2021）提出多元主体参与基层治理可以分为补缺模式、协同模式与替代模式三种互补模式，并通过对宁波市鄞州区的案例证明了这三种治理机制互补协同在社会共治领域能够发挥更好效能，为共建共治共享的社会治理新格局起到启发性作用。在治理路径研究方面，魏蓉蓉（2020）基于参与式治理视角提出应加速治理体制改革、强化多元参与、完善多元联动有效运行机制、完善相关法律法规、强化多元主体风险防范意识、提高智慧社区风险治理水平，从而降低风险，实现"善治"。王赣闽（2020）则认为，可以从推行数据联动政务来探索城市风险治理新方法、从拓展"雪亮工程"应用来提升城市风险治理新模式、从培育多元化风险治理主体来提升城市风险治理新能力三个路径入手，形成风险治理新格局。

综上所述，学术界对风险及风险治理研究起步较早，成果斐然。近年来，我国风险治理的进一步相关研究随时代发展逐渐丰富，逐步细化到符合中国国情的政府决策风险领域，从公共决策存在风险分析及应对策略两个方面展开。在公共决策风险方面，刘宇轩（2021）认为，虽然"人工智能+"降低了政府的决策成本，提高了决策精度，但现实中仍包括前景评估困难、数据质量困难、极少数偏差困难和预期陷阱等风险存在。靳凝（2020）则将政府决策风险划分为制定过程中存在的政策本身风险、信息风险和制定主体利益偏好风险，以及执行过程中的资源、环境、政策执行者能力以及目标群体影响力风险，并得出地方政府公共政策风险治理有别于其他风险治理而呈现以下的特点的结论：指导而不是控制、多元主体而不是单一主体、求同存异而不是排斥异己。在公共决策风险应对策略方面，高鹏飞（2021）提出了构建科学与决策相协同的新型循证决策模式，遵循"数据—证据—政策"的基本逻辑以促进有效证据在公共政策监督中发挥作用，保障公共政策科学性，减少决策风险。李梦禹（2019）提出从实体和程序两个方面进行法律规制，促进依法行政，从而提高决策科学性和系统性，防范决策产生社会风险。

由以上可知，政府决策风险领域自研究起就已与数字技术有着千丝万缕的关联，随着科技的进步和互联网的持续渗透，学术界也涌现更多专门以数字视角展开的政府决策风险的态势及治理研究。李佳潞（2018）认为，大数据时代下的政府决策对决策者提出了更高的要求。决策者需要在设置议程、决定方案、执行方案和决策监督的各个环节与时俱进。此外，在决策过程中需要积极应用大数据，加大培养大数据专家，提高各级政府人员的责任意识。高莉（2020）运用流程图法和环境分析法识别分析了大数据在政府决策中的风险类别，总结了我国政府在利用大数据推进决策优化的同时，还应当进一步树立大数据决策理念、提升大数据技术、积极打造数据开放平台、推动数据资源共享以及对数据的使用立法监管、追究数据滥用责任。

目前，国内外学者对大数据下的政府决策风险进行了大量研究，提出了不少深刻见解，形成了较为完善的科学体系，为研究当代风险治理拓展了新的视野。因此，本文将继续就大数据时代视角深入分析地方政府决策治理的效用机制、风险的构成，并为探索地方政府决策风险的新路径提出策略建议。

三、地方政府决策治理中大数据的效用机制

通过应用大数据及数字技术，政府决策在治理过程中更具程序化、科学化、民主化，呈现出精准决策、精准施策、精准管理等特点。

（一）政府精准决策

大数据时代的发展和数据分析技术的不断进步，为政府决策优化带来了新的思路。在宏观层面的决策方面，运用网络技术获取大数据能够更加接近全面地收集决策所需信息，有助于增强决策的科学性和精准性，提高决策质量。例如，浙江省政府通过浙江省全民健身大数据库系统，分析和评估全省的体育场地设施建设、国民体质合格率和经常参加体育锻炼人数比例等涉及全民健身的关键指标，完成了 2017 年全民健身活动状况数据报告。相关负责人表示："有了全民健身大数据库系统的支撑，我们在编制《浙江户外运动发展纲要》中，确定工作目标更加务实可行、出台政策措施将更加精准。"

在应对气象灾害、重大安全事故等紧急事件方面，大数据平台能够对

各类灾情信息进行收集、分类、剖析，迅速形成风险数据库与风险分布地图，智能化应急预警，提供灾情处置的决策信息，从而辅助地方政府作出科学精准的决策调度。以 2022 年 7 月 15 日至 19 日强降雨突袭河南为例，短短 24 小时内多地站点累计雨量突破其建站以来同期最高纪录，淮河一级支流史灌河经历 58 个小时洪水浸泡，洪涝灾害形势严重。在暴雨后的 24 小时内，省气象局启动暴雨四级应急响应，在 19 日 10 时 30 分提升为三级应急响应，其间每 3 小时报送包括淮河干流、支流等防汛重点区域的雨情和精细化天气趋势预报，这些数据都为后续的指挥调度提供了精准决策支撑。在这关键时刻，河南省、市、县三级政府部门迅速联动，切实精准决策，筑牢了防灾减灾"第一道防线"。

（二）政府精准施策

精准施策需要制定正确战略战术，采取有效措施，保证工作不折腾，最终取得实效。而高效自动化的数字技术支撑是精准施策成功的重要保证。"一分部署，九分落实"，只有不打折扣地贯彻落实、精准施策，才能保证各项措施落地见效。

大数据在精准施策中发力，已经成为当前各地政府统筹做好疫情防控和经济发展的一个重要风向。以疫情期间地方政府利用区块链技术进行资源调配为例，疫情暴发初期，我国曾遇到口罩紧急短缺的问题：做口罩所必须用到的材料熔喷布，还可以用作过滤材料、医用材料及吸音隔音材料。其中滤材是熔喷法最早及最大的应用领域，用量几乎是医用材料的两倍，因此，市场上有大量弹性熔喷布供给。地方政府通过信息化、智能化的供应链平台，高效集中管控了其他用途的熔喷布产线，使其经过产线改造用于生产口罩用熔喷布。受春节返乡影响，截至 2020 年 1 月 24 日，我国口罩单日产能预计不到 800 万只。但到了 2 月 5 日，我国口罩产能就已恢复近70%，日产量达到 1480 万只。区块链技术赋能政府精准施策资源调配，做到了疫情下物资的精准测算、科学调度和合理分配。这不仅说明了区块链技术使得需方、采方、供方三方信息及物资的高效交互得以实现，也说明了数字技术兴起背景下政府能够切实实施，做到供给需求双向精准快速匹配。

（三）政府精准管理

政府的职责就是对公共事务进行管理。大数据和数字技术浪潮的兴起使政府履行职责的这一过程更加精细化，其应用主要体现在公共服务及政务管理能力和数字乡村管理水平的提升方面。近年来，政府数字化转型，政务服务网广泛使用，网上办公加快普及，公民办理政务业务"最多跑一次"已逐步变为现实。互联网的政务信息公开，使政策传递过程透明化，基层政府行政效率大大提高，公众的参与和监督也进一步加强了政府的精准管理。在公共服务领域方面，各种大数据技术和大数据思维的行政手段也在不断提高公共服务监管与管理能力。例如，厦门大学第一附属医院实施"互联网＋"与医疗一体化方案，利用先进的移动通信技术助力医疗卫生产业发展，让公民享受了智能医疗带来的便利，通过该技术挖掘的公共卫生数据，也成为政府减少疾病成因、管理社会环境的有力的信息来源。此外，农村群众长久受"看病难、看病贵"的民生问题所困扰，2016年在全国建档立卡贫困户中，因病致贫、因病返贫的占到40%以上，政府进行城乡医疗联合体建设，统筹城乡医疗卫生人才和医疗卫生服务设施一体化发展，对因病致贫、因病返贫人员实行健康扶贫靶向治理，推动了城乡公共服务均等化。

在数字乡村建设方面，互联网的快速发展使地方政府的服务质量和行政效率都得到了很大程度提升，更好地扮演乡村振兴服务需求的主要提供者这一角色。基层政府进行的"数字乡村战略"，在农业规模管理、农村金融服务、农产品网络营销、采集生产数据等领域均实现了互联网技术与乡村振兴的深度融合，优化了乡村信息服务资源配置，推动地方政府更好地服务好、管理好乡村建设。

四、我国地方政府决策风险的构成

数字技术的赋能和应用给地方政府决策带来了新机遇，但在这一背景下，政府决策风险的构成也日益复杂，其主要分为决策性风险和施策性风险，分别包括治理环境风险、数据质量及汇聚风险、分析偏差风险及公众认知风险和公民隐私泄露风险。

（一）地方政府决策性风险

1. 大数据治理环境风险

决策环境是指在政策制定和执行过程中一切人为或非人为影响因子的总和。决策环境复杂多变，在进行决策的过程中，政府往往需要根据决策环境的反馈及变化对策略进行实时变更，确保顺利实现公共政策目标，在基层尤为如此。在数字技术兴起的大背景下，地方政府的公共决策环境风险主要来自大数据治理环境的复杂多变风险。互联网、通信技术的高速发展以及微博、微信等新媒体的全面普及应用使得基层数据越发活跃，这也促使地方政府变更传统治理模式。作为基层行政管理单位和基层决策主体，地方政府不仅要对大数据中包含社会风险因素的信息内容进行分析，还要甄别有效数据，挖掘问题根源，从而完成决策。此外，数字技术中蕴含着潜在的经济红利和价值产生了"寻租"空间，给地方政府决策带来巨大隐患和冲击。大数据在互联网上的高速传递使风险的产生、传递、扩散渠道更加多样，地方政府也应当提高运用数据的意识、手段、方法，规避决策中的环境风险。

2. 决策数据质量及汇聚风险

大数据泛指海量数据，就是相较传统数据而言的大规模数据集。政府要实现智慧决策，应当提升数据质量，做好大数据的有效归集。在政府汇聚数据的过程中，其所收集信息的质量，将会直接影响到智慧决策的质量。因为质量较低的数据难以反映业务运转和社会问题的本质，可能使大数据分析挖掘得出的决策结果偏离实际轨道。此外，由于基层政府的数据共享范围有限、时效性弱、数据碎片化严重，且数出多门、标准不一，更有可能出现数据难以满足数字时代下政府决策所需要的质量要求的情况。

此外，政府数据开放体系在我国刚刚起步，尚处于发展阶段，有较大的完善空间。虽然各地方政府几乎都已建成政务信息共享平台，在一定程度上支撑了信息收集、情报共享和数据交换，但是由于缺乏强有力的统筹机制和统一规划，以及各地方政府对于信息泄露安全忧虑等因素，数据共享的内源性驱动力不足，在汇聚过程中存在隐性风险，极大地阻碍了决策治理的发展步伐，形成决策风险隐患。

3. 数据分析偏差风险

基于大数据分析的政府智慧决策是从数据归集、大数据挖掘、辅助决策等角度展开分析，协同支持政府的智慧决策。但是地方政府数据分析条件不足，发生方向性错误，数据分析碎片化、孤立化、片段化，可能致使公共决策偏差，从而导致风险产生。尽管不少地方政府部门的业务平台都搭载了智能化数据分析功能，但由于自身拥有的数据以受理申报数据为主，加上缺少有效的数据分析模型，功能大多停留在简单的数据汇总及统计分析上，也就未能行之有效地为政府决策作出真正有价值的分析。我国各地情况复杂不一，这个问题在基层政府和偏远地区尤为突出，这也使得分析偏差风险概率大大提高，造成潜在的决策风险。此外，政府智慧决策离不开高层次的计算机应用复合型人才，这类人才既要熟悉政府部门业务运行和决策需求，又要了解大数据分析和应用技术，总体来看较为稀缺，进一步突出了地方政府数据分析处理能力薄弱的问题，加剧了决策风险。如何进一步提升数据分析能力，真正将信息资源和数字技术转化成政府决策的智力资源，是大数据时代治理创新必须认真思考的问题。

（二）地方政府施策风险

1. 公众认知风险

大数据时代下，由于获取信息渠道的便利多元化，民众参政议政的热情极大增长，这种思维的转变是推动政府转型发展的内生动力。数据时代的到来为政府决策带来便利的同时也为政府组织公民参与带来巨大挑战。行政学者胡仙芝指出，"政府信息公开成为政府向社会和公众提供的一种公共服务和公共物品，成为人们日常生活决策不可缺少的部分"。地方政府信息公开的目标群体及公共政策的直接作用对象是地方民众，由于大数据时代信息的膨胀传播会导致公众认知偏差，危机事件一旦触发，媒体不正当倾向引导的舆论走向也极易煽动公众情绪，产生社会风险隐患。如果基层政府对政务资讯公开程度把握不到位，政府与公众产生信任危机，那么公众会对政府所发布的事实持怀疑态度，影响政府决策的后续执行。数字时代下的信息公开化是一把"双刃剑"，只有尽量透明化、明确主动公开信息的范围，减少民众获得政府信息的成本，重视公共政策施策风险，才能在实现以权利制约权力的同时，提升施策的效用最大化。

2. 公民隐私泄露风险

大数据分析技术能够帮助政府作出科学决策，但地方政府在处理、分析和管理大数据的过程中，可能会导致用户数据泄露。伴随着数据的数量越来越多，数据挖掘和关联分析的技术不断提升，公民隐私存在暴露的危机，导致个人隐私泄露的风险。以此次疫情防治为例，为实现疫情防控下的精确治理，各地政府和获得授权的私营部门开始收集并披露出入公共场所、搭乘公共交通的居民信息。但某些基层政府及公安等部门在采集信息时，没有把握好信息披露程度，导致居民的个人隐私被泄露和扩散在微信群、网络平台，如果不能处理好数字技术与个人隐私之间的平衡问题，监督好对数字技术的管理与使用，设置好数据采集过程中的阈值，就可能会使其成为社会事件并借助数字平台不断发酵升级，最终造成较为严重的社会风险。

五、我国地方政府决策风险的应对策略

笔者对如今地方政府存在的决策风险进行了简要阐述和举例分析，可以看出，地方政府在决策的各环节中对风险的防范化解态势上仍存在一定的不足和缺陷。化解重大风险被定位为事关党的前途命运、事关国家长治久安、事关民族凝聚力和向心力的重要工作，地方政府决策风险的防范化解也必须与时俱进，必须以问题为导向，紧跟时代条件的变化，从加强法律建设、提升数据质量、消除信息孤岛、增强公民参与、保护公民隐私五个方面完善公共决策风险治理体系。

（一）加强法律建设，完善公共政策风险治理体系

加强法律制度建设是完善公共政策风险治理体系的基础支撑。马伍翠

(2019) 通过对我国目前政府数据开放相关文献及政策法规，以及北京、上海、山东、广东、武汉、贵阳 6 个地方政府数据开放平台构建现状进行研究，发现还存在缺少关于政府数据管理的相关法规，地方政府数据开放平台功能参差不齐等问题。大数据时代的来临变革了重大公共事务决策的风险治理，因此，必须构建并完善一套更完整的法律法规体系，使决策数据质量更高、共享更便捷、管理更高效、应用更安心，从根本上提高政府决策质量，降低政府决策风险。各地方政府可以与政府决策风险治理经验丰富的行业协会进行约谈，以总结和归纳实践发展情况，包括当地存在的风险要素、治理体系、存在的问题、面临的机遇和挑战等，为日后作出适宜该地方发展的高质量决策打好基础。地方政府应当更加清晰明确地了解大数据思维和大数据技术作用于重大公共事务决策的具体环节和要素，通过分析大数据在该决策风险环节的影响路径和发挥的作用，梳理决策环节中的潜在风险，更好地完善风险治理体系。随着地方政府决策由传统模式向数据驱动模式转变，由传统的"经验治理"向创新的"数据治理"和"科学治理"转变，我们需要进一步加强法律制度建设，完善公共政策风险治理体系，建立一个良好完备的决策环境，为地方政府科学决策提供基本保障。

（二）提升数据质量，加强决策科学性

数据作为"互联网＋"时代重要的基础决策因子，其质量对政府决策起着至关重要的作用。通过优化其质量以提升治理效率，是减少地方政府决策风险的重要策略。必须加强数据资源标准化建设，制定数据共享与质量考核评估办法，落实数据质量管理责任，为政府决策保证优质数据资源。根据我国国情，现阶段应以地级城市为切入点推动地方政府数据开放，对数据质量严格要求，降低数据偏差风险，推动我国政府数据质量提高，促进政府数据开放平台功能不断完善，从而更好地为公众服务，并建立区域性政府数据开放平台，形成示范效应。例如，甘肃省庆阳市西峰区统计局就提出：一要坚持抓源头数据质量；二要坚持让统计员"走出去"调查；三要坚持定期向社会公布统计数据，以更加务实的态度、更加扎实的作风，有效夯实数据质量。

（三）消除信息孤岛，提高数据分析的准确性

通过此前对地方政府决策风险的分析可以得知，数据收集、处理、存储成本的降低虽然能够提高地方政府决策效率，但倘若地方政府数据分析发生方向性错误或偏差，可能致使公共决策偏差从而导致风险产生。因此，多层次、多角度地对数据信息进行交流、整合、分析，是减少决策风险的重要路径和基础策略。

首先，必须推动数据资源开放，消除政府间的数据孤岛，帮助地方政府获取、有效应用数据。只有实现数据的依法开放，才能更深层次挖掘和分析数据价值，减少因为数据不足带来的分析偏差失误。因此，要积极开放政府间的数据资源，拓展数据信息平台的使用覆盖面，延伸政府有关部门间、企业间和其他主体间数据共享的深度和广度，实现数据信息的高效传递和利用，保证政府的知情度，辅助政府作出正确决策。以更广泛来源的数据作为分析和思考支撑，地方政府进行决策的思维方式也将发生变革，实现对决策风险的有效识别、预警、监控和解决，避免资源浪费。

其次，提高数据分析准确性，还需要地方政府重视对大数据技术人才的培养。拥有丰富经验的大型应用人才是学术研究数据分析、决策和公共服务领域的稀缺资源，而这类人才是政府决策能力提升必不可少的基石和台阶。地方政府要进一步加强对诸如数据科学家、数据分析师、架构师等大数据技术复合型人才的培养，完善现有决策人才的专业能力，从而为政府决策提供支撑。

（四）增强公民参与，实现治理主体的多元化

数字时代下重视公共政策施策风险，要重视公民参与，扩宽公民反馈渠道，实现以公民权利制约权力，从源头减少由于决策不满引发的社会风险，提升施策的效用最大化。首先，政府要有引导公民参与的风险意识，结合当代数字时代背景，增强政策的公民参与性，实现治理主体的多元化，充分吸收公众智慧，提高公民满意度。诸如通过各个线上宣传渠道帮助村民全面详细地了解政府政策，欢迎为政府建言献策等，提升政策制定的公

开透明性和完整性。

在决策的实际过程中，从地方政府角度来说，地方政府应当以当地公众需求为第一导向，重视在线反馈、办事评价等政策反馈渠道建设，建立政府公共决策公开下的民意调查制度，"从群众中来，到群众中去"，利用数字技术及时反映群众的愿望和要求，优化公共服务供给，提高决策质量，减少施策风险。从公民角度来说，公民也要直接参与到与自己切身利益相关的政策制定过程中去，通过各种有效的途径充分表达自己的意见，对政府公共决策产生积极而有效的影响，从而形成政府为民众提供数据开放、民众配合政府进行决策制定的良好生态。

（五）保护公民隐私，防止数据泄露

健全个人隐私保护体系，是利用数字技术进行政府决策的红线，这需从法律和技术两个维度加强数据治理安全保障。一方面，应当充分认识国内目前针对数字技术的专门法规仍存在法律空白，根据治理状况、安全基础和大数据业态加快出台面向国家治理应用领域的大数据政府规章或规范性法律文件；另一方面，地方政府更要提高积极防护意识，在数据采集、存储、传输及应用的过程中，要确保大数据可信、可控、可管，确保引用的数据符合法治秩序和伦理道德要求，保护地方公民的个人隐私为不同行动主体所侵犯，才能切实提高大数据背景下国家治理现代化的安全水平，减少风险发生。

另外，还应当统筹问责办法，完善问责体制。各个地方政府应当明确，倘若真正发生有可能造成社会风险的情况，自上而下所有工作人员都需承担相应的决策责任，起到威慑作用，营造风清气正的政治生态，具备公共政策风险治理常态化的忧患意识。对地方政府决策失误责任追究，也必须有效地反映社会公众的意愿。责任追究方案不仅要具备相应的合理性与科学性，更要为人民群众所接受。例如，积极完善信访制度、重视市长热线、领导热线、网络对话等作用，完善听证制度，在制度和程序上作出明确规定保障听证会在政府公共决策中的地位与作用，保证民众在决策失误后进行反馈和监督，降低施策后可能造成的社会风险。

参考文献

[1] 国务院关于印发促进大数据发展行动纲要的通知 [J]. 中华人民共和国国务院公报, 2015 (26): 26 – 35.

[2] 中共中央关于制定国民经济和社会发展第十四个五年规划和二〇三五年远景目标的建议 [N]. 人民日报, 2020 – 11 – 04 (1).

[3] [1] 习近平. 决胜全面建成小康社会　夺取新时代中国特色社会主义伟大胜利——在中国共产党第十九次全国代表大会上的报告 [J]. 党建, 2017 (11): 15 – 34.

[4] 郝炜. 以"数"为基, 构建普惠创新的服务型政府 [J]. 软件和集成电路, 2021 (5): 38 – 39.

[5] 范慧. 公共卫生危机下社区治理的风险透视及规避逻辑 [J]. 社会科学辑刊, 2021 (4): 56 – 62.

[6] 沈永东, 陈天慧. 多元主体参与基层社会治理的共治模式——以宁波市鄞州区为例 [J]. 治理研究, 2021, 37 (4): 82 – 89.

[7] 魏蓉蓉. 参与式治理视角下的我国城市社区风险治理研究 [D]. 西安: 西安建筑科技大学, 2020.

[8] 王赣闽. 加强城市风险治理的思考——以福建省福州市为例 [J]. 新西部, 2020 (Z4): 117 – 119.

[9] 刘宇轩, 张乾友. "人工智能＋"政府决策: 挑战与应对 [J]. 贵州社会科学, 2021 (4): 14 – 21.

[10] 靳凝. 地方政府公共政策风险治理研究 [D]. 太原: 山西大学, 2020.

[11] 高鹏飞, 吴琼. 科学与决策的协同: 新型政府循证决策模式构建与逻辑延伸 [J]. 领导科学, 2021 (6): 97 – 100.

[12] 李梦禹. 大数据技术辅助下政府决策的优势分析及发展建议 [J]. 中国管理信息化, 2019, 22 (11): 195 – 196.

[13] 李佳潞, 王翠萍, 戚阿阳. 大数据环境下面向政府决策的信息资

源开发模式研究——以吉林省为例 [J]. 图书馆学研究，2018（17）：52 -
56 + 101.

[14] 高莉. 大数据在政府决策中的风险及应对策略 [D]. 南京：南京
航空航天大学，2020.

[15] 马跃明. 大数据提高政府治理能力 [EB/OL]. 人民网，http：//
cpc. people. com. cn/n1/2018/0530/c162854 - 30024075. html.

[16] 唐惠敏. 论乡村振兴的地方政府职责 [J]. 大连海事大学学报
（社会科学版），2021，20（1）：107 - 114.

[17] 章燕宝，韩绍兵. 大数据背景下地方政府经济治理能力提升的若
干思考 [J]. 厦门科技，2021（3）：26 - 28.

[18] 李进华. 面向大数据时代的重大疫情信息管理理论框架及其应用
[J]. 现代情报，2020，40（7）：25 - 33 + 51.

[19] 马伍翠，刘文云，苏庆收，等. 我国地方政府数据开放现状分析
及发展对策研究 [J]. 数字图书馆论坛，2019（3）：34 - 41.

[20] 胡平平. 数字技术赋能突发公共卫生事件治理研究——以新冠肺
炎疫情防控为例 [J]. 管理研究，2020（1）：112 - 123.

[21] 赵晔. 政府决策风险识别与规避机制研究 [D]. 秦皇岛：燕山大
学，2013.

基于乡村振兴战略下的社会保障参与农村社会治理研究

◎郑晓莹　李德华①

湘潭大学公共管理学院，湖南湘潭，411105

摘　要： 新中国成立70多年来，我国的社会保障制度作为乡村振兴战略实施的重要内容，以其自身功能和特点在参与农村社会治理中发挥着重要功效。社会保障坚持以为人民群众服务为中心，依托多元主体参与、法律体系保障和创新治理理念，逐渐形成中国特色社会保障参与社会治理体系，成为我国现代化治理和乡村振兴的一个重要路径选择。本文基于乡村振兴战略，阐述社会保障参与农村社会治理的背景、主要特征、现实价值，提出提供精准社会保障公共服务、健全社会保障法律体系、加强农村社会保障体系建设、农村社会保障要契合农村地方社会结构体系、创新农村社会保障治理理念等具体路径促进社会保障参与社会治理，以期为我国农村治理现代化提供参考借鉴作用。

关键词： 社会保障；乡村振兴；农村社会治理；治理路径

---

① 作者简介：郑晓莹（2000—　），女，河南许昌人，湘潭大学公共管理硕士研究生，研究方向为社会保障；李德华（1998—　），男，山西运城人，湘潭大学公共管理硕士研究生，研究方向为社会保障。

　　我国经济社会的长远发展需要以农村为基础。乡村振兴战略和农村社会保障制度是中国特色社会主义制度的重要内容，并与国家治理现代化相联系。2019 年，党的十九届四中全会审议通过了《中共中央关于坚持和完善中国特色社会主义制度、推进国家治理体系和治理能力现代化若干重大问题的决定》，深入解读后，可以理解为乡村振兴战略与农村社会保障制度在国家治理现代化基础上有一致的发展目标并有一定的契合性。新时代我们党和国家提出的"两个一百年"的伟大奋斗目标，要实现奋斗目标其中最艰巨的任务地点是在农村。主要原因是在我国新型城镇化建设进程加快的背景下农村地区的经济发展较为缓慢，人口老龄化日益严重的同时青壮年人口不断流失，农村空心化现象进一步加剧，衍生出一系列农村社会发展问题，对农村社会基层组织治理成效产生重要影响。为有效应对我国农村社会基层组织治理的所遇到的机遇与挑战，就必须结合我国农村实际情况创新探索出农村社会基层组织治理的新路径。其中，如何充分发挥社会保障在农村社会治理中作用，并在此基础上进一步提升农村基层组织治理能力和治理体系现代化水平显得尤为重要。

一、社会保障参与农村社会治理的背景

　　中共中央关于制定国民经济和社会发展第十四个五年规划和 2035 年远景目标的建议中提出要优先发展农业农村，全面推进乡村振兴，坚持把解决好"三农"问题作为全党工作重中之重，走中国特色社会主义乡村振兴道路。[1]我国农村、农民、农业的现实情况和发展特征在客观上决定了为农村居民建立社会保障制度的必然性，其旨在改善和提高我国农村居民的生活水平，涉及农村居民的各项具体社会保障服务内容。推进农村进行社会治理，就要顺应国家治理体系现代化的新要求，从另一角度分析农村社会保障是国家治理体系现代化的机制要求。当前，我国农村社会保障体系立足于国家社会治理并不断地发展完善，农村社会保障已经基本实现全面覆盖，并具有了一定的社会治理基础。促进社会保障参与农村社会治理，一方面，能够深入贯彻落实改善民生、注重公平与效率、共享社会发展成果

的基本理念；另一方面，农村居民能够进一步享受到社会经济发展所带来的成果，增强农民幸福感与获得感，为实现共同富裕的目标砥砺前行。

新时代背景下，深刻把握国家治理体系与治理体系现代化的具体内涵，以社会保障参与农村社会治理作为基本导向，探索新型农村公共组织治理的现实价值和有效路径是新时代环境所要求，也是现阶段农村社会有效治理的重要手段。以乡村振兴战略为基本价值导向，探讨推动社会保障参与农村社会治理的内在机理和发展路径，不断完善社会保障与农村社会治理融合体制机制来弥补农村发展的短板。通过完善体制机制等来推动农村社会治理体系，提高农村公共组织社会治理能力，积极有效地推进乡村振兴战略实施与实现可持续发展，最终凸显社会保障参与农村社会治理的显著成效。

二、社会保障参与农村社会治理的研究综述

国内有众多学者对社会保障参与农村社会治理进行了研究，其中马家骧等（2017）认为社会保障治理能力现代化是国家治理体系现代化中的"短板"，提出倡导公共服务均等化、强调治理主体多元化、促进治理机制现代化、保障参与渠道畅通化和推进治理方式法治化的农村社会保障治理能力现代化的路径。[2]张尧（2018）提出农村社会保障治理实现自身发展的创新路径需要遵循法治化原则，以共享发展治理理念为理论依据，重新定位农村社会保障治理目标，立足农村社会结构，整合农村社会保障治理与运行机制，与时俱进地优化农村社会保障制度结构，使农村社会保障制度成为国家在农村社会治理的重器。[3]林义等（2020）从面向社会治理现代化、提升社会治理能力的分析视角，强调突出整体治理的思路，优化资源配置，拓展社会保障的制度空间和服务能力，充分发挥社会保障在国家治理能力提升和社会治理现代化进程中的综合保障功能。[4]白维军（2020）认为新时代社会保障治理，需以公共服务为切入点，在治理主体、治理客体、治理手段、治理目标方面作出深刻变革，并以公共服务为手段，构建区域平衡、群体平衡、制度平衡、覆盖充分、待遇充分、体系充分的高质量体

制机制，实现社会保障的平衡充分发展。[5]徐进（2020）提出以经济参与、民生保障、社会建设、国家治理四大责任为核心构成的新时代社会保障责任体系所彰显的社会保障兜底功能及其拓展性张力，在很大程度上对以全面实现"农业强、农村美、农民富"为最终目标的乡村振兴战略实践，起到了内生性助力作用，助力乡村振兴战略实践进程得以有序推进。[6]以上学者主要基于乡村振兴战略背景和国家治理现代化的视角，分别阐述了社会保障参与农村社会治理中价值意义并得到相关的发展路径等，对于本文来说具有重要的参考意义。为进一步探求社会保障参与农村社会治理的现实价值和基本路径，发挥农村对我国经济社会的基础性作用，推动乡村振兴战略与社会保障制度的深入融合。本文基于多位学者的研究结论，对社会保障参与社会治理的现实价值和路径进行研究，希望对社会保障体系的发展有一定作用。

三、社会保障参与农村社会治理的特征

（一）社会保障参与农村社会治理是乡村振兴战略的必然要求

2018 年 9 月 27 日，中共中央、国务院印发了《乡村振兴战略规划（2018—2022）》，规划强调继续把国家社会事业发展的重点放在农村，促进公共教育、医疗卫生、社会保障等资源向农村倾斜，逐步建立健全全民覆盖、普惠共享、城乡一体的基本公共服务体系，推进城乡基本公共服务均等化。[7]社会保障参与农村社会治理本着以改善农村居民生活、注重公平、共享社会发展成果的基本理念落实执行乡村振兴战略，与乡村振兴战略目的相衔接，已是农村公共组织进行社会治理的重要方式。目前农村社会治理仍旧存在缺陷之处，而农村社会保障治理在农村社会治理体系中具有基础性地位，让其参与到农村社会治理中已成为国家推进乡村振兴战略实施的必然要求。

（二）社会保障参与农村社会治理是一种服务治理

社会治理的核心要素之一是对人的服务。社会保障是作为国家的一项以保障人民基本生活为基本要求的制度，坚持"以人为本"的社会价值取

向并将其作为社会保障参与农村社会治理的重要发展理念，在社会治理中发挥着重要的服务功能。社会保障参与农村社会治理能够加强基层公共组织服务建设，提升服务水平和治理能力，更好地维护农村居民的社会保障权益。社会保障以其服务功能在农村基层公共组织中发挥着治理效能，成为农村基层公共组织社会治理的行为准则之一，在参与农村社会治理中能够起到服务治理导向作用。

（三）社会保障参与农村社会治理是法律制度下的治理

任何制度的实施都需要以法律为依托、保障。社会保障参与农村社会治理需要根据相关的法律制度，包括对社会保障主体、目标、方式方法和保障内容等的要求和规定，以此为社会保障参与农村社会治理实践工作的开展提供相应的法律依据。在社会保障法律制度框架下，基层政府组织要始终把农村社会基本结构的特点作为社会保障政策实施的出发点。有效保障社会保障参与农村社会治理不受消极环境因素所影响，确保社会保障参与农村社会治理能够实现其应有目的和治理效果。

（四）社会保障参与农村社会治理是一种渐进式稳定治理

社会保障参与农村社会治理的过程并不是一蹴而就的，是在农村社会保障服务体系不断完善和各种参与治理经验积淀的背景下进行的渐进式治理。我国现行社会保障制度是基于常态社会设计，具有稳定性的特点，表现在能够满足参与主体的各项服务需求，与农村基层公共组织治理目标相衔接并为治理目标的实现提供稳定保障。社会保障参与农村社会治理是在长期融入农村治理的过程，以渐进式稳定的治理方式逐渐形成持久性的治理格局。

四、社会保障参与农村社会治理的现实价值

社会保障参与农村社会治理对于新时期我国治理现代化的建设和发展具有重要的现实价值意义。一方面，社会保障作为一种新型的社会治理模式，拓展了我国农村社会治理的新途径，鲜明地指出我国农村社会治理的发展趋势，为构建中国特色农村社会治理体系提供了一个全新的治理视角；

另一方面，社会保障参与农村社会治理能够缓解我国农村基层政府组织治理的压力，满足农村居民对社会保障多方面的需求，为乡村振兴战略的实施创造良好的社会保障环境，进一步满足农村内生性发展的要求。社会保障参与农村社会治理能够提升基础政府提供公共服务的能力、提高供给公共服务质量。社会保障参与农村社会治理的现实价值具体表现在以下三个方面。

（一）提供精准社会保障公共服务

完善的多层次社会保障体系具有保障农村居民基本生活的重要服务功能，能够在参与农村社会治理过程中进一步提质增效带动农村社会发展。提供精准社会保障公共服务是社会保障参与农村社会治理发展到一定阶段的产物，换句话说，社会保障参与社会治理在一定程度上促进了精准社会保障公共服务的供给。党的十九大报告首次提出乡村振兴战略，乡村振兴战略背景下社会保障参与农村社会治理能够提供精准的公共服务，二者相互促进。能够准确提供精准的公共服务主要表现在以下几个方面：第一，能够提升农村养老服务能力，形成农村基本养老服务网络格局；第二，社会保障的兜底效用能刺激农村居民进行消费，推动农村社会经济发展；第三，满足农村居民长期发展的各项保障需求，确保农村社会分配的公平合理。社会保障参与农村社会治理能提升农村居民的幸福指数，充分体现社会保障在参与农村社会治理过程中的公共服务的价值性原则。

（二）推动城乡社会保障融合发展

随着我国城乡现代化建设步伐的加快，城乡社会保障发展逐渐呈现出并轨发展的态势。[8]基本公共服务均等化是城乡融合发展的"助推器"，社会保障作为一项基本公共服务，其发展状况能够体现城市与农村的经济状况。社会保障参与农村社会治理有利于消除我国社会保障城乡二元对立的现状，社会保障具有再分配功能。政府通过转移支付等再分配手段缩小城乡收入差距，提升农村居民生活质量。社会保障参与农村社会治理能够更加推动城乡社会保障的融合发展，进而改变农村的经济状况。深化农村社会保障体系的改革，加强社会保障参与农村社会治理，从而更能推动城乡社会保障融合发展。在城市社会保障的经验背景下，不断完善农村社会保障制度内容，推动农村养老服务体系的发展，保障城乡社会保障制度统筹工作的有序推进。进一步实现城乡社会保障的有机衔接，最终在一定程度上打破城乡社会保障二元对立的局面。

（三）应对新时期农村治理的挑战

我国现代化治理道路已经取得显著成效，但目前农村社会治理仍旧存在一些短板。新时期乡村治理的挑战主要表现在农村剩余劳动力不断向城市转移，导致当前以家庭保障为基础的农村养老服务体系的功能大大削弱。农村老年人口的养老保障更多依靠政府组织和社会组织，降低了农村居民的幸福指数。同时，以往由政府主导的社会保障制度与多元主体治理的发展道路相违背，影响基层政府组织治理水平的提升，在农村中表现更为凸显。社会保障参与农村社会治理能够实现"保基本"和"多元主体共同参与"，保障农村居民基本生活需求，切实考虑农村居民利益要求。社会保障参与农村社会治理也能引导农村居民参与农村社会治理，显著带动农村基层政府、农村社会组织参与社会治理积极性，形成农村社会保障多元主体治理的态势，进而有效解决新时期乡村治理的各种困难。

五、社会保障参与农村社会治理的现实路径

（一）依托多元主体参与

在国家治理体系和治理能力现代化的大背景下，农村社会治理体系发生了巨大的变化。农村居民参与到农村社会治理的各个环节并发挥相应作用，成为农村社会治理的重要主体，构建农村居民积极有序参与农村社会治理的路径具有现实意义，社会保障参与农村社会治理具有可行性。同时，农村基层政府仍旧发挥着"主导"作用，基层政府要发挥"有形手"的作用，同时兼顾市场的"无形手"的重要作用，发挥社会组织等的重要作用。基层政府扮演着调动农村居民参与社会治理积极性的重要角色，担当着不断优化完善服务体系，提升农村居民幸福生活感的重要职责。但农村基层政府并不是"万能"社会治理主体，存在着不足之处，众多历史经验和研

究表明，多元主体参与社会治理是"善治"的表现。社会保障参与农村社会治理的过程中，要充分调动基层政府、村干部、基层公务人员、农村居民以及社会组织在内的多元主体参与农村社会治理环节中，发挥其各自效用，实现真正意义上的协同治理。进一步提升农村基层政府组织社会治理和服务水平，更加有效衔接推进社会保障参与农村社会治理各个环节中，凸显出社会保障多元主体参与农村社会治理中的重要作用，彰显出社会保障参与农村社会治理中所取得的各项成效。

（二）健全社会保障法律体系

社会保障参与农村社会治理离不开相应法律法规的支持。建立健全法律体系，把行之有效的社会保障政策法定化，为社会保障参与农村社会治理提供合法化的保障。社会保障参与农村社会治理建立以法治社会为前提并在此基础上不断完善发展，要在社会保障相关法律法规和相关政策规定的范围内开展，形成农村社会保障治理规则体系，依托法律体系来指导社会保障参与农村公共组织社会治理的实践工作。社会保障参与农村社会治理的过程是建立在组织行为规范、公开透明并接受监督的基础之上，并在此基础之上生根发芽。组织行为规范是指社会保障政策的制定要有明确的法律依据，实施过程要符合法律规范。公开透明是指社会保障在参与农村社会治理的过程中的各项信息要根据组织条例进行公开公示，增强地方政府组织的公信力。接受监督是指多元主体在参与社会保障农村社会治理的过程中主动接受公众的监督，要求多元主体有一定的责任和服务意识。基于法治对社会保障参与农村社会治理的基础性保障，进一步规范参与的各项流程，参与的多元主体能够更真实地表达自己的想法观点，就能在更大程度上推进社会保障参与农村公共组织社会治理的各个工作环节中，有效避免"寻租"问题的产生。

（三）加强农村社会保障体系建设

相对完善的社会保障体系能够巩固农村社会治理成效。我国农村社会保障体系是在国家乡村振兴战略实施和社会主义市场经济高速发展的环境下不断完善，为满足农村居民对美好生活向往的新要求而不断努力。加强农村治理体系的现代化建设从侧面反映出我国农村社会治理依旧存在短板。未来我国农村社会保障的发展和参与农村社会治理是大势所趋，不管对政府来说还是对农村居民来说都是机遇和挑战。基层政府要科学把握农村社会经济发展水平的差异性，将因村制宜与精准实施的措施相结合，进一步推广和扩大农村社会保障的现实影响力，不断完善满足农村居民的各项需求的社会保障制度体系。针对农村社会保障体系建设的具体对策内容主要有以下四点：第一，政府加大对农村社会保障体系建设的资金投入，提高农村居民的各项福利的保障水平，为社会保障参与农村社会治理提供定量的财政支持。第二，缩小不同发展程度农村之间的差距，对相对经济发展水平较好的农村和相对落后的农村进行社会保障有效衔接方面的探索，提高地区社会保障参与农村社会治理的沟通协商发展能力。第三，加强社会治理人才队伍的建设，开展社会治理等相关的培训机制，完善相应的激励机制，提高农村基层政府组织干部的社会保障服务能力，在参与农村社会治理中能够提供满意的社会保障服务。第四，完善社会保障相关法律法规，通过完善农村社会保障制度，形成可持续的多层次社会保障体系，为社会保障参与农村社会治理提供体系框架支撑。

（四）农村社会保障要契合农村地方社会结构体系

农村社会保障制度只有与农村地方社会结构相适应，才能够发挥其参与农村社会治理的最大功效。农村的社会结构具有地方特色化的特点，不能完全用全国统一的社会保障标准来衡量和要求农村的社会保障，要以农村社会结构为社会保障的实施出发点。在进入城乡融合发展阶段后，农村的社会经济发展水平得到整体性提高，社会结构发生一定变化。人口流动现象频发，农村不同社会结构的人群利益矛盾逐渐显现，如何兼顾农村留守人口和进城务工人口的社会保障利益的问题显得更为重要。对此，农村公共组织就要建立科学有效的政策协调解决机制，协调和解决好不同社会结构人群的社会保障利益，实现农村社会结构利益共同体的有效建构。同时，也要完善农村社会保障资源的再分配体系，基于高效的资源配置实现社会保障与农村社会结构的互动融合，充分发挥农村社会保障资源在调节农村社会矛盾中的作用。提升社会保障参与农村社会结构治理中的水平，进而解决社会保障在参与农村社会治理中产生的各项问题。换句话说，建立和完善农村社会保障与农村地方社会结构的衔接机制，能显著提升社会保障作为农村社会组织参与农村社会治理的内在服务水平。

（五）创新农村社会保障治理理念

坚持农村社会保障治理理念是实现乡村振兴战略的必然要求，创新治理理念对于社会保障参与农村社会治理并发挥功效具有显著作用。首先，创新理念是社会保障制度发展的重要前提。以科学理念为指导参与农村社会治理能够充分展现社会保障的服务功效，将社会救助、社会保险、社会福利等内容与农村社会实际情况相衔接，能够推动社会保障服务体系更加规范化和专业化，更好地为农村居民提供社会保障服务。其次，社会保障要与国家治理现代化理念相联系。完善农村社会保障治理体系的结构与内容，创新社会保障农村社会治理的体制机制，使社会保障成为国家治理现代化在农村社会治理中的重要组成部分。[9]最后，社会保障参与农村社会的治理理念要与地方文化相结合。融合社会保障与地方文化的相互关系，形成特色的地方文化社会保障服务，满足当地人民群众多样化的服务需求，为全面构建我国特色社会保障体系提供更为扎实的文化理论依据。

六、结论

推动社会保障参与农村社会治理是社会保障体系发展到一定程度的必然结果，是站在新的国家农村治理体系上实现全面建设社会主义现代化国家重要目标的载体。其中，社会保障作为我国公共组织提供的一种服务机制，已经成为农村社会基层组织治理的重要服务载体，其能够保障农村居民基本生活水平。社会保障参与的过程中能不断提高社会保障服务水平，不断加强社会治理水平，不断提升农村居民健康幸福指数。乡村振兴战略背景下，社会保障对于农村现代化治理及农村社会经济发展具有重要现实意义。第一，能够提供精准的社会保障公共服务；第二，推动城乡社会保障融合发展；第三，应对新时期农村治理的挑战。这在一定程度上能够有效解决新时代背景下农村基层政府组织治理的所面临的各项挑战，提升农村公共组织的各项服务机制能力。但是，我国的社会保障并不是"万能钥匙"，怎样统筹城乡社会保障协调发展的格局，如何处理与其他公共组织的关系，都是社会保障在参与农村社会治理中应该深思熟虑和解决的必要问题。

为确保我国社会保障参与农村社会治理工作的有序落实，就必须坚持把为人民群众服务作为社会保障实施的基本出发点和落脚点，不断落实和完善社会保障各项服务内容，满足农村居民的各项基本保障需求。通过进一步探索得出社会保障参与农村社会治理的具体路径：提供精准社会保障公共服务、健全社会保障法律体系、加强农村社会保障体系建设、农村社会保障要契合农村地方社会结构体系、创新农村社会保障治理理念。社会保障参与农村社会治理离不开符合实际的目标和切实可行的方案，所制订的目标和方案都必须保障和维护好农村居民的基本生活，提高农村整体的社会治理能力并取得显著成效。总而言之，社会保障参与农村社会治理是新时期国家治理的重要内容，有助于乡村振兴战略的贯彻落实，不断提高国家治理的现代化水平，保障好农村居民的基本生活水平，为农村社会经济的可持续发展注入活力。

参考文献

［1］中共中央关于制定国民经济和社会发展第十四个五年规划和二〇三五年远景目标的建议. http：//www. gov. cn/zhengce/2020 - 11/03/content _ 5556991. htm.

［2］马家骧，俞竹平. 中国农村社会保障制度的构建与社会保障治理能力现代化［J］. 天水行政学院学报，2017，18（6）：45 - 49.

［3］张尧. 国家治理现代化视域下农村社会保障治理的定位与建构路径［J］. 农村经济，2018（4）：22 - 28.

［4］林义，刘斌，刘耘礽. 社会治理现代化视角下的多层次社会保障体系构建［J］. 西北大学学报（哲学社会科学版），2020，50（5）：

103 - 111.

［5］白维军. 社会保障不平衡不充分的公共服务治理路径［J］. 中国高校社会科学, 2020（1）: 110 - 116.

［6］徐进. 社会保障助力乡村振兴: 功能定位、现实困境、逻辑进路［J］. 社会福利（理论版）, 2020（3）: 42 - 45.

［7］中共中央国务院印发《乡村振兴战略规划（2018—2022 年）》. http://www. mohrss. gov. cn/SYrlzyhshbzb/dongtaixinwen/shizhengyaowen/201809/t20180927 _302004. html.

［8］康永征, 王华. 城乡融合背景下新型城镇化的发展转向［J］. 山西高等学校社会科学学报, 2018, 30（8）: 43 - 46.

［9］安华. 国家治理现代化视角下的社会保障治理: 理念、目标与机制［J］. 内蒙古社会科学（汉文版）, 2016, 37（5）: 26 - 32.

多层次长期护理保障制度：核心理念、基本框架与实施路径

◎刘　欢①

浙江财经大学公共管理学院，浙江杭州，310018

摘　要：多层次长期护理保障制度建设是一项复杂的系统工程，需要以科学的理念为支撑，在合理的框架下制定对应路径。本文基于社会保障制度基本导向，首先，提出"保基本"理念、多层次性理念、服务保障为核心理念与资金保障为辅的理念；其次，在多层次长期护理保障制度基本要素及内容阐述基础上，系统分析多层次长期护理保障制度建设中的个体责任与社会责任、政府责任与市场机制，以及多层次长期护理保障与其他社会保障项目的关系，以此建立多层次长期护理保障制度框架；最后，以四大理念为指导、以制度框架为目标，提出多层次长期护理保障制度实施路径。本文研究的意义在于为推动中国长期护理保障制度顶层设计优化与制度思考提供理论支持。

关键词：多层次；长期护理保险；"保基本"；协同；服务保障

---

①　基金项目：国家自然科学基金项目"长期护理社会保险的需求甄别、成本核算与筹资分担机制研究（71904167）"。

刘欢（1990—　），男，安徽六安人，管理学博士，浙江财经大学公共管理学院副教授、硕士生导师，主要从事养老保障与老龄经济学研究。

引言

随着中国人口老龄化、高龄化及失能化的快速发展，失能风险逐渐由传统家庭内部风险演变成社会风险，与此同时，长期护理服务需求也在日益增长。2020 年，国家医保局就《关于扩大长期护理保险制度试点的指导意见》向社会征求意见，并进一步明确新增试点城市 14 个，原则上确保每一个省市均有试点城市，且强调了长期护理保险的独立险种地位。2016 年以来，中国长期护理保险试点取得了较大的成绩，新一轮的长期护理保险试点城市增加也是推动中国长期护理保险制度发展的关键举措。但结合当前中国长期护理保险发展现状，长期护理保险制度建设依然存在较多不足，如失能评定标准不统一、长期护理保险功能定位模糊、价值理念缺乏等，而明确的功能定位与科学的价值理念是推动中国长期护理制度健康与可持续发展的关键。与此同时，伴随长期护理保险政策试点，学界也开始关注特殊人群护理服务需求的制度保障，如关于低收入人群的"兜底"长期护理救助制度，且针对基本长期护理保险保障水平的讨论也在逐步成为焦点。其中，可以将其核心主体归纳为两个方面：一是基本长期护理保险是否应该承担过高的保障？二是如何以基本长期护理保险为主导，更好地推动"兜底"长期护理救助，补充长期护理保险和商业长期护理保险发展？多方面因素综合影响使得中国长期护理保障制度的研究与设计进入新的阶段，即长期护理保障的多层次性制度构建。其核心理念与框架是怎样的、具体的实现路径是什么，是亟须解决的现实问题。因此，文章基于中国基本长期护理保险试点现状，结合长期护理救助制度有关研究，尝试从层次视角剖析中国多层次长期护理保障制度的构建理念、框架，以期为推动中国长期护理制度发展提供理论支持并探索其实施路径。

一、文献综述

根据多层次性社会保障体系的理论，社会保障可以划分为基本保障与补充性保障，基本保障以结果均等为导向，补充性保障则强调以机会均等为导向。[1]有学者将多层次与多支柱进行比较，并认为相较于多层次性的缺陷，多支柱有其优势，可以将其划分为四个支柱：零支柱是针对贫困人群；第一支柱与第二支柱分别对应正式劳动者，包括基本保障与补充的保障等；第三支柱则是个人自愿性储蓄。[2]但从核心理念来看，其依然属于多层次的制度设计理念。在中国社会保障发展过程中存在的主要问题之一是社会保障发展理念模糊，有学者提出"理念优于制度，制度优于技术"的主张。[3]在长期护理保障制度设计中，科学的制度理念应优先于制度形成，且其应当是未来制度改革完善的核心指导思想。坚持福利水平与经济发展水平相适应的原则，遵循社会保障是保障与改善民生的基本制度保障的导向，以社会保险为核心实现"共建共享"。[4-6]

社会保障制度的多层次性体现在制度体系的多层次、责任主体的多层次及制度惠及全体公民三个方面，中国社会保障体系先后经历了从保障人民生存需要—满足物质文化需要阶段—满足美好生活需要阶段。[7]但基于中国多层次社会保障制度的发展历程，受理论、制度设计与发展环境等多种因素制约，多层次社会保障构建步伐远低于人们的预期。[8]以政策反馈理论为主导，在多层次社会保障制度中，一个层次可通过解释效应与资源效应两个平行中介机制影响到另一个层次。其中，解释效应表现为行动者对第一层次的认知会影响其对第二层次的认知，进而传递到行动意愿；而资源效应则表现为行动者在第一层次的资源变化会影响到其第二层次的预算，进而影响行动能力。因此，在多层次社会保障体系完善过程中必须合理评估各层次间的解释效应与资源效应，规避其相互挤出的风险。[9]

多层次社会保障体系主要包含多层次的养老保障体系与多层次医疗保障体系，进入2020年，建成更加公平与更可持续的社会保障体系需要尽快实现多层次社会保障体系的定型。[10]但当前中国多层次社会保障制度依然存在分担不合理、权责关系不明确及运行效率不高等问题。[11]其对于风险发生的差异性，短期与长期也存在差异，短期仅需对现有多层次制度进行完善即可；但长期而言，需要对现有制度进行结构性调整，构建基于不同收入层次的多层次保障体系。[12]从世界范围来看，构建多层次社会保障体系是必然趋势，一方面，多层次社会保障体系重构了制度的责任分担机制，如政府、市场、社会与个人的关系；另一方面，充分调动了市场主体与社会参与的积极性。[13]

在中国长期护理保险制度逐步扩展试点的新阶段，结合已有关于多层次社会保障制度的发展现状，由于长期护理保障制度涉及群体的广泛性，其与医疗保障、养老保障项目存在内在一致性，因此，在基本构建理念上应当实现多层次性的制度设计，以满足不同群体的不同层次长期护理服务需求及同一群体不同发展阶段的差异化长期护理服务需求。基于当前关于多层次社会保障制度建设的研究现状可以发现，其成果的核心导向是多层次性有其必然性，但由于存在诸如制度设计理念模糊及运营低效、"解释效应与资源效应"相互挤占等方面的不足，在构建中国多层次长期护理保障体系时，需要首先明确其构建的基本理念，在此基础上，逐步明晰多层次长期护理保障制度的基本框架与具体实施路径。文章也将基于现有长期护理保险制度试点及层次理论，结合多层次社会保障制度发展经验，探讨中国多层次长期护理保障制度的构建理念、框架与实施路径。

二、多层次长期护理保障制度的核心理念

与现有其他社会保险制度一致，长期护理保障制度的建立应以长期护理保险为主体，长期护理救助制度与长期护理商业险等补充制度的协调发展为补充。其核心是明确各自功能的准确定位，并逐步实现失能对象的全覆盖，以及建立多支柱的保障体系，以满足不同失能人群的长期护理服务需求。本文结合已有社会保险的制度设计，以层次理论为核心，尝试从"保基本"、多层次性、服务保障与资金保障等多个层面剖析多层次长期护理保障制度的构建理念。

（一）"保基本"为主的理念

多层次长期护理保障制度发展最核心的部分是长期护理保险。长期护理保险的制度目标是实现人群全覆盖，包括筹资、待遇给付等，从而实现失能对象"应保尽保"。长期护理保险的核心功能是实现对失能对象的护理

服务基本保障，以满足其基本护理服务需求。[14] 从总体上来看，可将"保基本"为主的理念划分为主体与功能定位两部分。

1. "保基本"的主体：长期护理保险。长期护理保险制度是"保基本"理念体现的第一个核心。在中国长期护理保障制度发展初始阶段，坚持以推动基本长期护理保险制度发展为核心。结合全国多地长期护理保险制度实践可以发现，当前在全国长期护理保险制度试点过程中，存在较多问题，如基础层的失能评定标准不统一、长期护理服务标准不统一、定点服务机构发展不充分、失能评定与护理服务脱钩等问题。[15-16]

为保障长期护理保险保基本功能的发挥，需要进一步地强化中国长期护理保险制度发展的功能定位。首先，以独立险种为核心的制度设计，打破现有依附基本医保为主的长期护理保险基金筹集，从而明确长期护理保险与基本医保的定位分割线。其次，坚持以"低起步"的保障水平定位，一方面，强调长期护理保险是一项基本长期护理服务保障制度；另一方面，强调长期护理保险发展水平不宜"高标准"，以免造成受益面拓展造成的基金冲击和阻碍补充长期护理制度的发展。再次，坚持"保重点"为关键、"全覆盖"为导向的发展定位，制度优先保障需求强度最高人群，而后逐步拓展到其他需求层次人群。最后，对应长期护理保险"保基本"理念，在长期护理服务方面，建立基本服务包与按需服务包，基本服务包是重点保障，按需服务包则需提升个人自付比例等。

综合以上分析，在长期护理保险的筹资、失能评估、待遇给付对象、给付标准等方面，坚持"低起步""保重点"等功能定位，从而实现基本长期护理保险制度实现"保基本"的目标。

2. "保基本"的功能定位：水平适当，多层次互补。"保基本"理念的第二个核心是明确功能定位，与长期护理保险功能定位存在包含与被包含的关系。多层次长期护理保障制度的功能定位是坚持各层次的保障水平适当[17]，且能实现彼此互补，并从制度层面满足不同人群的长期护理服务需求。

第一，结合现有其他社会保障制度特征，长期护理保障制度顶层设计理念方面，充分发挥长期护理保险"保基本"的功能定位，其在整个长期护理保障制度体系中应达到50%～70%的共付保险比例，即在基本长期护理费用覆盖范围内，低于封顶线以内的长期护理费用由长期护理基金给予报销的部分不宜高于70%或低于50%这一标准，原则是能够达到基本长期护理费用补充和控制过度使用服务的风险。这一制度设计理念是坚持起付线、共付比例与封顶线的组合同步发展，在多地长期护理保险试点过程中并未有起付线的设定，在制度推行过程中，"零门槛"的长期护理保险制度必然会造成过度的长期护理服务使用，因此，建议可适当设定起付线，如失能评定应增加部分自付比例或完全由个人承担等。

第二，在长期护理保险共付比例及封顶线以外的费用部分，其设计是为其他补充或商业险预留空间。如在共付比例以外的部分可建立对应的补充长期护理保险制度，筹资上实施自愿参缴原则，这一部分整体补偿水平控制在封顶线以下长期护理服务费用的20%～30%，从而可以实现在基础保障层面的较高保障水平。封顶线以外超高额长期护理费用方面，可引入商业护理险，推动商业护理险对较高护理服务需求人员的费用补偿机制发展，同时可以通过引导商业险参与长期护理保险制度的积极性，促进长期护理服务市场的发展。

第三，在基础保障层，对于需要救助的人群，可通过政府购买服务的方式满足其基本长期护理服务需求，即"兜底"人群的护理服务保障。针对贫困人群或较高经济脆弱性的人群，为降低失能风险对家庭的整体冲击，政府财政有必要为这类家庭提供水平适当的护理服务保障，水平需达到长期护理保险的基本保障标准。

（二）多层次保障制度协同发展理念

在多层次长期护理保障制度顶层设计层面，应坚持以推动长期护理保险制度发展和完善为主导，长期护理救助制度和商业长期护理保险等补充制度协同发展的理念。多层次长期护理保障制度协同发展的关键是实现起点、过程及结果的协同。其中，起点是指参缴层面的协同性；过程是指长期护理保障基金的独立管理与失能认定结果等的协同性；结果则是指待遇给付层面的彼此协同性。

起点：参缴层面的协同性。参缴层面的协同性是指多层次长期护理保障制度坚持强制参保与自愿参保等相结合的组合方式。其中，在基本长期护理保险方面，建议在全国范围的长期护理保险制度推行时，以强制性缴保作为重要筹资原则，可结合当前基本医保的筹资方式，目的在于实现基本长期护理保障的人群全覆盖和基金来源的稳定性等。在以"兜底"为主的长期护理救助方面，条件达到基本的救助标准，均可以申请长期护理救助保障。政府财政可以按照不同形式进行保障，如第一种是通过直接购买长期护理服务进行保障，财政直接"兜底"；第二种则是政府财政为救助对象购买基本长期护理保险，使其在起点上达到与其他人群一致的标准，并按标准享受基本长期护理保险服务。[18]在补充保障方面，主张自愿参缴的原则，居民可根据自身需求自愿参加补偿长期护理保险或购买商业性长期护理保险。通过以上三个层面的参缴协同性，参保人群能够享受基本长期护理服务保障，但也为较高层次的长期护理服务需求提供制度保障。

过程：基金管理与失能评定协同。第一个方面是多层次长期护理保障基金实行分割管理，其中，长期护理保险基金独立列支，由人社或医保部门进行基金管理与运营；长期护理救助基金由民政部门进行管理和运营；补充长期护理保险基金理论上不与基本长期护理保险基金合并，因其与基本长期护理保险存在筹资原则不同，应坚持独立核算及运营；商业长期护理保险则由商业保险公司管理运营。[19]综上所述，在整体制度层面，可以实现不同部门负责不同长期护理基金的管理及运营，进而保障基金的安全协同等。

多层次长期护理保障协同发展的过程协同的第二个方面是实现失能评定的协同，如长期护理保险在失能评定中发挥核心主导作用，其评定结果具有重要的参考意义。在长期护理救助制度、补充与商业长期护理保险方面，失能评定标准需要以基本长期护理保险的失能评定为基础。同时也可在基础失能评定结果基础上增加一定附加条件，以避免高道德风险、逆向选择造成基金冲击，但其附加条件不可严重脱离基础评定结果，以免其损害失能对象的合法权益。

结果：待遇给付层面的彼此协同性。多层次长期护理制度协同发展的最终目标是推动多层次长期护理服务需求满足的保障，因此，在结果层面，核心是待遇给付协同性。与起点参缴协同性一致，在待遇给付层面的协同性首先强调长期护理保险的基本保障公平性，参缴对象的失能评定结果如果达到给付条件，应享受对应失能等级的待遇。在"兜底"保障方面，经过救助对象的资格审核，达到条件者应同等享受基本长期护理保险待遇。补充长期护理保障方面，待遇补偿基本长期护理共付比例以外的费用部分，以提升整体报销水平。商业长期护理保险核心补偿基本长期护理待遇封顶线以外的护理服务费用部分，以满足更高长期护理服务的需求。通过以上几个方面，达到基本长期护理保险待遇给付与其他制度的协同发展。

（三）长期护理服务保障为主理念

多层次长期护理保障制度发展主导理念是以长期护理服务保障为核心，资金保障为辅。[20]长期护理保障制度目标是降低因家庭失能风险社会化带来的一系列损失，既包含家庭层面的长期护理投入（资金、时间及精力等）风险，也包含社会层面的有效劳动参与不足风险，从而造成家庭收入困境等恶性循环。中国从1999年便开始进入了"未富先老"的老龄化阶段，进入21世纪后，伴随传统家庭结构小型化、高龄化、失能化等特征显现，为更好地促进社会经济发展水平和提升人民生活质量，推动养老服务发展和满足失能老人长期护理服务需求成为重要的社会政策关注点。作为失能人群主体的老龄人群结构发生变化，其对整个长期护理保障制度的发展也带来较大的影响，而将长期护理服务与养老服务结合，是中国实现积极老龄化的重要表现。

在多层次长期护理保障制度发展过程中，优先发展长期护理保险制度，而长期护理保险制度建立的初衷是保障失能对象获得较好的生存及生活质量等，其根本是"以人为本"，核心是长期护理服务保障。[21-22]长期护理保障体系中的"兜底"保障虽以政府购买服务形式实现，但其核心是满足低收入家庭失能对象长期护理服务需求。补充长期护理保险与商业长期护理保险是对基本长期护理保险报销费用以外部分的费用补偿,其核心也是主张长期护理服务使用。

综上所述,可以发现,在整个长期护理保障体系中,服务保障均是主导,资金保障服务于长期护理服务保障。如第一种情形,在基本长期护理保险中的供给服务市场不完善时,长期护理保险的保障功能便极其有限,[23]与现有无长期护理保险制度的情况无根本差异,即失能对象的长期护理服务满足程度有限。同时,在这一情形下,长期护理救助、补充与商业长期护理保险的发展也会受到较大阻碍,原因在于长期护理制度发展必然要依托基础护理服务供给的发展。第二种情形,在长期护理保障制度推行初期强调服务与资金保障协同发展,与第一种情形有一定关联,但由于处于制度推行初期,过度强调长期护理服务保障与资金保障协同,可能会造成制度推行的困难,如多数试点地区出现的长期护理保险参保对象要求"给钱不要服务"的现象。因此,在制度推行初期,应以正式化长期护理服务发展为核心,谨慎选择资金补偿政策,如家庭护理者的护理津贴制度,原因在于制度初期以推动长期护理服务供给市场发展为导向,避免因资金补贴造成过高的道德风险,并制约长期护理服务供给市场发展,最终导致整个长期护理制度发展的不可持续性。

(四) 长期护理资金保障为辅理念

资金缺乏是养老服务的直接表现[24],但其并不是解决长期护理服务的根本。长期护理保障制度的主体是分担因失能造成的大额长期护理费用,因此,在没有充足的服务保障背景下,过度强调资金保障无异于"无源之水,无本之木"。长期护理保障资金介入的目的有两个方面:一是通过长期护理保障制度引入,以长期护理资金分担家庭长期护理费用,避免因过高的家庭长期护理投入,造成家庭贫困或核心成员的社会劳动参与不足,并以提升失能对象生活质量为重要功能定位;二是通过长期护理保障资金投入,推动社会化长期护理服务市场发展,为满足失能对象护理服务需求提供充足的正式护理资源支持。

同时,长期护理保障资金为辅的理念是强调长期护理资金功能服务于长期护理服务发展，并分担家庭护理费用。从长期护理保障体系来看，在长期护理保险层面，资金保障层面可划分为正式护理服务供给资金保障与家庭非正式护理津贴两个组成部分。[25]正式的长期护理服务强调以专业护理机构等提供的专业护理服务，一方面，需要有正规化的护理服务人员培育体系做支撑；另一方面，需要有完善的社会化供给体系提供保障。与强调长期护理服务供给的核心理念一致，强化资金保障的辅助理念在正式护理服务发展过程中也有着必要的引导和保障作用。[26]当前，中国各地专业化护理机构均处在整合和初步转型发展阶段，由于存在总量供给的严重不足，因此，需要从制度设计理念上考虑正式长期护理服务供给的必要性，推动专业护理机构积极参与长期护理服务供给，并逐步提升专业护理机构供给能力和完善供给体系。在这一阶段内，既要积极引导护理机构的参与，也要给予适当的政策、经济帮扶，即第一层面的资金保障是提升既有护理机构的供给能力。第二层面的资金保障则是家庭非正式护理津贴，借鉴国内外实践经验，长期护理津贴可以发挥一定的资金保障作用，从而推动家庭护理服务的发展。但在长期护理保险制度推行初期，由于不充足的市场化供给体系，家庭长期护理津贴政策作用甚微，且会因制度缺陷带来严重的逆向选择与道德风险，如家庭照料者过度追求政策资金补贴，采取投机的照料选择不仅会增加监督成本，而且不利于提升失能对象生活质量与制度的可持续性。因此，在市场化服务供给不成熟阶段，应谨慎使用家庭长期护理津贴制度，严格限制家庭长期护理津贴给付标准和居家照料稽核标准。

在长期护理救助制度层面，通过政府财政补贴的形式直接为满足条件的低收入或贫困收入家庭购买长期护理服务，以满足其基本的长期护理服务需求。补充和商业性长期护理保险则严格遵循"缴费责任—享受权利及标准"的对应原则，以失能对象参缴资金标准作为其享受对应护理服务的标准。[27]此外，从整体长期护理保障制度来看，资金保障的辅助作用还体现在自付费用方面，如制度以外仍有较大额的费用发生时，自我需承担较高护理费用；或在建立相应起付线标准的长期护理保险制度时，起付线部分则要求有相应的自付资金。因此，资金保障作用作为长期护理保障制度的重要辅助，对长期护理保障体系的发展有着至关重要的决定作用，在不同发展阶段，其功能也会有所差异。

三、多层次长期护理保障制度的基本框架

多层次长期护理保障制度是一项复杂的系统工程，为更好地设计多层次长期护理保障制度框架，在科学的价值理念下，首先，需要进一步地探讨其包含的基本要素，以及各要素对长期护理保障制度建设的具体要求。其次，在此基础上，分析各个要素的重要关系，以及如何有效处理彼此之间的关系才能达到各个要素的理想状态，从而实现基本长期护理保险与长期护理救助、补充长期护理保险、商业长期护理保险等制度的协同发展。

（一）多层次长期护理保障制度的基本要素与内容

基于层次理论，结合其他社会保障层次性结构设计理念，从主体、受益范围及标准等方面可以将多层次长期护理保障制度划分为长期护理救助、基本长期护理保险、补充长期护理保险与商业长期护理保险四个基本要素。从制度发展视角出发，多层次长期护理保障制度的主要内容包括以下四项：健全"兜底"保障的长期护理救助制度，拓展和完善以基本保障为核心的基本长期护理保险制度，建立补充长期护理保险制度，引导和推动商业长期护理保险进入机制。这四项基本内容分别从不同层面对中国长期护理制度发展提出了具体要求。

第一，"兜底"保障的长期护理救助。借鉴日本、德国在护理救助层面的发展经验[28]，"兜底"保障是指对于家庭人均收入低于特定水平的对象，经申请并审核通过的，可享受对应的社会救助服务。而长期护理保障中的"兜底"救助则不仅需要达到收入最低标准，还应需要达到对应的失能评定标准，如在低保家庭中的重度失能对象。在双重标准下，为降低家庭成员因失能对象护理投入造成的收入损失等，需要从制度层面给予此类家庭对应护理救助，以保障低收入家庭失能对象能够平等地享受长期护理服务。"兜底"保障的长期护理救助制度是多层次长期护理保障制度的最后一层保障，即在无法享受其他层次的长期护理服务时，符合条件的居民均应可以

同等享受"兜底"长期护理保障。

第二,基本长期护理保险。基本长期护理保险是指国家和社会对遭遇失能风险的居民给予适当保障,享受待遇与缴费责任挂钩,当其失能评定结果符合长期护理保险受益对象范围,便可申请对应的长期护理服务费用补偿。基本长期护理保险实施的是社会保险筹资方式,坚持以现收现付、略有结余为筹资原则,以基金短期的收支均衡作为费率测算基础。基本长期护理保险与其他基本社会保险理念一致,即在基本保障层面,长期护理保险强调的是对失能对象因长期护理服务利用而产生的费用进行适当补偿,其水平不宜过高,以避免因过高补偿率造成的护理服务资源浪费和诱导需求而产生的道德风险等。[29]覆盖范围上,基本长期护理保险应覆盖所有符合条件的居民,且应以强制参缴为主,避免因覆盖面不足造成的逆向选择问题。另外,为保障基本长期护理受益水平与承担缴费责任的挂钩,对于不同人群间的失能风险发生率差异,遵循"高风险、高费率"与"低风险、低费率"的政策,即在政策层面既要考虑代内公平,更需要考虑代际公平。

第三,补充长期护理保险。补充长期护理保险是指对基本长期护理保险的补充,在基本长期护理保险制度设计中,需预留一定空间促进补充长期护理保险等其他制度的发展。作为重要的基本长期护理保险补充,补充长期护理保险的形式可以有多种,如由政府部门直接经办、商业保险公司主办的补充长期护理保险等,其应是遵循自愿参加的原则,为有需求的失能对象提供更高水平长期护理服务保障。其主要承担封顶线以下与基本长期护理保险报销额以外的费用补偿,从而降低失能对象过高长期护理自付费用带来的风险。

第四,商业长期护理保险。商业长期护理保险是指由商业保险公司根据失能对象特征,拟订的商业性长期护理保险计划。一般而言,商业性保险强调"高风险、高费率"原则,因此,参加商业性长期护理保险对象均须缴纳相对较高的保费。另外,商业长期护理保险保障的范围是基本长期护理保险与补充长期护理保险覆盖范围外的长期护理费用,即基本长期护理保险封顶线以外或基本服务目录以外的护理项目费用。商业长期护理保险制度设计是多层次长期护理保障制度发展的重要组成部分[30]，由于基本长期护理保险所追求的目标是对失能对象基本长期护理服务需求或一些相对复杂的康复项目进行保障，而对于有更高护理服务需求或有其他稀有护理资源使用需求的保障，则需通过市场化的商业长期护理保险进行提供，即提升自我责任意识。

（二）多层次长期护理保障制度构建中的重要关系

多层次长期护理保障制度内容丰富，涉及主体较多、关系复杂。首先，从失能风险的社会化发展来看，谁应该为失能对象承担责任？清晰界定责任主体，并明确责任范围与相互关系是多层次长期护理保障制度发展的前提。其次，如何界定政府与市场在多层次长期护理保障制度中的职能？二者功能定位、互动关系与治理机制是影响多层次长期护理保障总体制度框架与发展的核心因素。最后，多层次长期护理保障与其他社会保障项目的内在协同机理是什么？优化失能对象长期护理服务保障体系，提升长期护理保障政策精准有效性，需要整合相关长期护理服务资源，如残联提供的保障政策、基本医保相关政策等，这也是制度整合的必然趋势。

1. 基本保障与补充保障：个体责任与社会责任。清晰界定长期护理保障责任主体及其责任范围对多层次长期护理保障制度建设有重要的意义。受益权与责任关联是确定责任主体的基本原则，在长期护理服务保障中的的价值主体是确定长期护理服务责任主体的关键。对于个体而言，失能风险伴随其一生，一旦风险发生，身体功能受损等会引起其社会参与能力和自我行动能力不足等，在市场化供给服务不足或价格较高的情况下，其需要耗费较高的家庭护理成本，从而影响个体与家庭社会劳动参与。因此，从这一视角来看，个体或家庭是最主要的长期护理服务保障受益主体。[31]从社会视角来看，由于个体失能风险的发生，一方面，造成个体社会参与受限，同时因较高的长期护理服务费用，制约个体与家庭主要护理人员的劳动参与，进而降低整个社会劳动资本投入，影响社会经济发展；另一方面，作为社会成员的个体，其个体失能风险扩展到社会层面时，便会演变成严重的社会风险。此时，为推动社会经济发展，长期护理保障的责任主体则应由政府、企业或社会进行承担。

作为多层次长期护理保障的核心长期护理保险，其主旨是实现对失能对象的基本保障，其主体必然是覆盖有失能风险的人群。首先，基本长期护理保险在强调个体或家庭作为核心缴费主体的同时，对政府责任提出了相应要求，如政府财政对居民缴费给予适当补贴，企业也承担一定的长期护理缴费责任。其次，补充长期护理保障方面，由于其报销的主体是基本长期护理保障以外部分，因此，其更强调自我或家庭保障责任意识，以满足失能对象更高的长期护理服务需求。从不同保障层面视角来看，基本长期护理保险强调的是基本长期护理服务保障，需要体现出社会福利性，在一定个人缴费责任基础上，必须体现政府责任与企业责任；而补充长期护理保险作为一种补充制度，其需要的是降低高额自付费用群体的长期护理费用负担，因而更需体现出个体或家庭的缴费责任，故以自我负责为核心。

2. 资金保障与服务保障：政府责任与市场机制。资金保障与服务保障是多层次长期护理保障制度建设的核心内容，而长期护理服务保障是关键主体。长期以来，中国正式化的养老服务供给市场发展存在严重不足，早期以公办机构为主体，进入 21 世纪后逐步推行公办民营改革，特别是近年来，这一改革趋势逐步增强。但由于长期积累的羸弱体系，养老服务市场化发展仍存在严重不足。作为养老服务内容体系重要补充的长期护理服务，在养老服务市场化发展严重不足的背景下，其面临着较大的困境。究其原因，在养老服务发展过程中，政府责任与市场机制存在彼此缺陷和责任缺失。政府干预过度会造成严重的供给依赖，且存在政府配置养老服务资源的低效性等缺陷，从而影响到长期护理服务的发展；而单纯依赖市场机制进行长期护理服务供给，会一定程度上提升长期护理服务市场化发展速度，但存在的缺陷是市场失灵领域较为明显，如对于低收入人群的保障不足，需要政府进行保障。同时，市场化供给会带来严重的趋利性，进而造成基本长期护理服务资源的重复供给，即养老服务资源的浪费，而按需护理项目则存在发展不足的现象。

从多层次长期护理保障制度发展来看，政府责任与市场机制关系不是完全对立的,长期护理服务保障需要市场化机制给予支撑,而市场化服务供给则需要有政府政策支持,且需要政府在市场失灵领域给予政策弥补,如"兜底"长期护理救助对贫困人员的长期护理服务保障可以解决市场供给不足的问题。市场化供给机制是推动多层次长期护理保障制度发展的重要基础,与政府责任存在相互协同与配合发展的关系。结合当前中国养老服务市场发展现实,借助多层次长期护理保障服务内容体系发展需求,以资金与政策支持推动养老服务机构转型与规范化发展有其可行性,进而促进长期护理服务供给能力提升。

3. 多层次长期护理保障与其他社会保障项目关系。多层次长期护理保障制度遵从资源整合目的,以最大限度满足失能对象长期护理服务需求为导向。多层次长期护理保障强调各层次制度的协同性,且与现有其他社会保障项目存在较多关联性,因此,在制度整合过程中,需要协调不同社会保障项目的功能协同,降低制度重合等负向效应。从现有失能保障来看,在"兜底"长期护理救助制度层面,存在与残联救助政策的功能重合,需要在制度整合过程中,协调民政部门与残联部门的帮扶定位,最大限度提升长期护理服务资源配置效率,降低资源浪费;另外,"兜底"长期护理救助制度可与其他救助制度进行协同,以提升社会救助制度对多维贫困家庭的保障效果。[32]在基本长期护理保险方面,失能对象的受益存在与基本医保、工伤保险等相互交叉的情形。为提升制度整合效果,长期护理保险受益对象应强化基本受益条件限制,如连续住院治疗六个月以上的限制条件,从而划清其与基本医保的功能边界,且在长期护理服务目录方面,强化长期护理服务与基本医保的功能互补性,如关于康复护理需求,基本长期护理服务可在医疗康复护理以外进行补充,提供基础性康复护理项目,实现制度衔接。关于工伤保险与基本长期护理保险功能界定方面,依据《工伤保险条例》《社会保险法》《劳动法》有关规定,工伤保险有着较为完善的补偿办法,且补偿期限较长,一般对基本长期护理保险影响较小。多层次长期护理制度与其他社会保障项目存在较强的关联性,从制度层面设计各自的功能范围和界线,避免制度重合造成的资源配置低效和浪费。

四、多层次长期护理保障制度的实施路径

以"保基本""多层次协同发展""服务保障为核心""资金保障为辅"为设计理念，基于中国长期护理服务发展现状，结合多层次长期护理保障制度内容体系及主要关系，尝试从"基本长期护理保险制度为基础"等五个方面提出关键的实施路径。

（一）以基本长期护理保险制度为基础，健全"兜底"和补充护理制度

优先发展基本长期护理保险制度，推动长期护理服务市场发展是多层次长期护理保障制度的核心，也是重要前提。中国长期护理保险政策试点政策实施以来，15 个国家级试点市均有各自政策特色，但在发展过程中的过度差异化容易造成制度整合的困难，非独立险种的制度设计会造成基本长期护理保险的制度定位不清晰等问题。

在推行多层次长期护理保障制度发展过程中，基本长期护理保险的基础性作用核心体现在两点：一是基本长期护理保险是多层次长期护理保障制度的最核心主体，其可以满足多数失能对象的基本长期护理服务需求；二是作为长期护理服务市场发展的核心主体，长期护理基金既能够发挥对失能对象的长期护理服务保障，也能够通过基金补偿等方式推动市场化的长期护理服务发展。以基本保障为目标的长期护理保险发展，同时也需要健全"兜底"救助和补充长期护理制度。其中，"兜底"救助是保障贫困人员的长期护理服务需求，补充长期护理制度则是满足不同需求对象的差异化长期护理服务需求。制度协同发展有其必然性，基本长期护理保险作为一项基本社会保险制度，需要个体或家庭承担相应缴费责任，而通过"兜底"制度可以满足低收入家庭基本长期护理服务需求，同时，建立补充保障制度可以满足较高收入者或家庭更高的长期护理需求。

（二）以长期护理服务供给为重点，健全长期护理津贴辅助制度

在多层次长期护理服务制度发展过程中，需要根据不同发展阶段界定制度着力点，如在全面推广阶段，优先发展长期护理服务。中国服务业的

发展总体存在较大不足，而关于养老、医疗等领域的服务资源更加紧缺，且存在配置低效和不均等问题。在多层次长期护理保障制度构建过程中，基本长期护理保险是重要基础，长期护理服务的发展则是重中之重。其一，传统家庭长期护理服务供给存在低水平发展且难满足失能对象护理需求等缺陷，原因在于中国家庭结构的演变，带来家庭护理者的人力资本投入不足，同时，由于家庭护理者服务供给的非专业性，且正式护理服务溢出效应不明显等，使得即使家庭护理人员提供长期护理服务，其水平也是处在较低层次，难以较好地满足失能对象的长期护理服务需求。因此，从现有试点制度出发，结合中国长期护理服务市场供给现状，以长期护理服务供给为重点，可以推动正式长期护理服务的供给水平和质量提升，从而更好地配套多层次长期护理保障制度发展。其二，在多层次长期护理保障制度发展不同阶段，长期护理服务供给发展是重点，而长期护理资金是重要补充。基于长期护理服务资金为辅助的理念，在多层次长期护理服务保障制度发展过程中，可以有效发挥长期护理服务资金的作用。在制度初期阶段，为推动居家长期护理服务的发展，提升居家长期护理服务供给能力，建立配套的家庭长期护理津贴辅助制度，有着现实必要性。但考虑到居家护理的低水平和道德风险等问题，针对居家护理者服务供给的津贴制度，需要健全审核机制和给付标准，如建立居家护理申请考核机制；增加长期护理津贴给付限制条件，以重度失能对象居家护理给付为主体，其他失能等级家庭逐步享受，或在享受时须以正式服务使用量为保障，居家护理者供给服务内容以基本服务为主。

（三）以基本长期护理服务供给为突破口，逐步拓展按需服务项目

与多层次长期护理保障制度相对应，长期护理服务供给内容也应有其层次性，如以长期护理保险供给为主体的基本长期护理服务、以"兜底"护理救助为主体的最低护理服务保障等。在长期护理服务供给的核心理念下，多层次长期护理保障制度需首先发展基本长期护理服务，即基于现有市场化供给能力，结合居家护理服务现状，以大服务包为核心，优先构建长期护理服务基本服务包。作为重要的突破口，基本长期护理服务供给既

要满足不同等级失能对象的基本长期护理服务需求，也要体现出其服务的供给价格适宜性，如日常生活照料的多数护理服务内容定价机制等。以基本长期护理服务供给为突破口，可以实现多层次长期护理保障制度中的基本保障目标，但考虑到不同失能等级对象的护理需求异质性特征，也需同步构建按需长期护理服务包，其内容应在基本长期护理服务包基础上进行构建，从而实现基础长期护理服务目录与按需长期护理服务目录相结合的综合供给服务方案，以配合多层次长期护理保障制度实施和满足各等级失能对象的长期护理服务需求。

（四）市场化供给为基本手段，逐步推动长期护理服务供给市场发展

多层次长期护理服务内容的供给发展，离不开市场化的发展。市场化供给机制有着高效率的优点，通过长期护理服务供给的市场化发展，推动多层次长期护理服务供给体系完善和优化。结合当前中国长期护理服务市场发展现状，因各地基础长期护理服务供给能力存在较大不足，如果将长期护理服务市场化发展简单化，则会导致长期护理服务供给发展的畸形结构。市场化发展是多层次长期护理制度可持续发展的必然选择，提升服务供给能力是推动长期护理服务制度发展的重要基础和前提。在多层次长期护理制度发展过程中，需要发挥全社会的力量，市场化机制是以社会化长期护理服务供给为导向，以民营专业长期护理机构发展为根本。在促进长期护理机构专业发展和功能转型的目标导向下，逐步构建专业护理机构分类制度，以推动不同类别护理机构发展，从而提升正式长期护理服务供给能力，并通过正式护理服务的溢出效应提升居家护理服务的供给能力。另外，在多层次长期护理服务市场化供给发展中，需要同时注重政府职能定位，发挥其在制度供给、引导协调及监督等方面的功能，以促进整体供给环境的改善和供给结构优化。

（五）以信息技术和人工智能为依托，建立完善智慧型长期护理管理体系

信息技术和人工智能的快速发展为长期护理管理提供了可靠的技术支

撑。基于多层次长期护理制度管理体系,以管理高效率为导向,从失能评定、护理方案、护理实施及结果稽核等长期护理服务全过程出发,逐步推动长期护理制度经办服务、服务供给及档案管理等信息化建设。结合长期护理服务供给的信息化建设现状,由于多数试点地区在长期护理服务管理过程中存在信息化不足的现象,因此,需要充分利用信息技术和人工智能,建立完善智慧型长期护理管理体系。如在失能评定阶段,鼓励评定系统建设,以增强评定结果的可靠性;在服务供给阶段,完善服务供给信息化建设,提升居家护理服务需求者购买服务的便捷性;在结果稽核阶段,建立信息化档案,包含失能评定档案与护理服务档案,既要满足后期服务质量追踪和监督,也要为系统性的长期护理服务供给政策调整提供可靠基础,从而建立智慧型长期护理管理体系,提升综合管理效率。

参考文献

[1] 何文炯. 中国社会保障:从快速扩展到高质量发展 [J]. 中国人口科学, 2019 (1): 2 – 15.

[2] 董克用, 孙博. 社会保障概念再思考 [J]. 社会保障研究, 2011 (5): 3 – 8.

[3] 郑功成. 中国社会保障:"十二五"回顾与"十三五"展望 [J]. 社会政策研究, 2016 (1): 77 – 97.

[4] 郑功成. 社会保障与国家治理的历史逻辑及未来选择 [J]. 社会保障评论, 2017, 1 (1): 24 – 33.

[5] 郑功成. 中国社会保障改革与经济发展:回顾与展望 [J]. 中国人民大学学报, 2018, 32 (1): 37 – 49.

[6] 张向达, 方群. 共享、融合与创新:城镇低收入群体多层次养老保险体系设计 [J]. 社会保障评论, 2019, 3 (2): 83 – 93.

[7] 朱楠, 代瑞金. 中国社会保障制度的历史演变和规律考察 [J]. 西北大学学报 (哲学社会科学版), 2020, 50 (4): 120 – 127.

[8] 林义. 中国多层次养老保险的制度创新与路径优化 [J]. 社会保

障评论，2017，1（3）：29 – 42.

[9] 郭磊，胡晓蒙. 我国多层次社会保障体系内部影响：促进还是抑制？[J]. 北京行政学院学报，2019（4）：97 – 105.

[10] 褚福灵. 多层次社会保障体系应定型 [J]. 中国社会保障，2015（8）：34 – 35.

[11] 汪文志. 关于构建多层次社会保障体系研究 [J]. 经济研究参考，2016（72）：42 – 49.

[12] 徐文娟，褚福灵. 基于收入水平的多层次养老保险体系构建研究 [J]. 社会保障研究，2016（5）：3 – 10.

[13] 郑功成. 多层次社会保障体系建设：现状评估与政策思路 [J]. 社会保障评论，2019，3（1）：3 – 29.

[14] 刘晓梅，李蹊. 德国长期照护保险供给体系对我国的启示 [J]. 学习与探索，2017（12）：43 – 47.

[15] 胡天天，刘欢. 长期护理保险试点政策效果研究 [J]. 老龄科学研究，2021，9（10）：24 – 35.

[16] 刘欢，胡天天. 医疗补偿与健康保障公平视角下的长期护理保险政策效应 [J]. 老龄科学研究，2022，10（2）：37 – 53.

[17] 韦朝烈. 从"支出总量水平适度"到"支出结构水平合理"——我国社会保障支出水平适度性问题研究方法的反思和改进 [J]. 岭南学刊，2020（1）：72 – 79.

[18] 刘欢. 长期护理社会保险筹资分担机制研究——以浙江省 H 市政策试点为例 [J]. 社会保障研究，2021（2）：43 – 54.

[19] 方鸣. 商业保险参与社会保障体系建设研究 [J]. 财经界（学术版），2016（9）：344.

[20] 刘涛. 福利多元主义视角下的德国长期照护保险制度研究 [J]. 公共行政评论，2016，9（4）：68 – 87.

[21] Kashiwagi M，Tamiya N，Sato M，et al. Factors Associated with the Use of Home – visit Nursing Services Covered by the Long – term Care Insurance in

Rural Japan：a Cross – sectional Study ［J］. Bmc Geriatrics，2013，13（1）：1 – 1.

［22］沈澈. 安宁疗护：长护服务的最终阶段［J］. 中国社会保障，2017（8）：74 – 75.

［23］刘欢，胡天天. 多维度失能测度指标体系构建及失能分级研究［J］. 人口与经济，2021（1）：82 – 98.

［24］孙凌雪，冯广刚，米红. 我国长期护理保险基金支出可持续性研究——以青岛市为例［J］. 东岳论丛，2020，41（5）：52 – 62.

［25］Geraedts M，Heller G V，Harrington C A. Germany's Long – Term – Care Insurance：Putting a Social Insurance Model into Practice ［J］. Milbank Quarterly，2000，78（3）：375 – 401.

［26］Cremer H，Pestieau P. Social Long – term Care Insurance and Redistribution ［J］. International Tax and Public Finance，2014，21（6）：955 – 974.

［27］Goda G S. TheImpact of State Tax Subsidies for Private Long – term Care Insurance on Coverage and Medicaid Expenditures ［J］. Journal of Public Economics，2011，95（7 – 8）：744 – 757.

［28］王杰领. 国外护理救助发展现状与中国的探索 ［J］. 社会福利（理论版），2018（6）：40 – 44.

［29］Joshua MW. Financing Reform for Long – term Care：Strategies for Public and Private Long – term Care Insurance ［J］. Journal of Aging & Social Policy，1996，7（3 – 4）：109.

［30］郑秉文. 商业保险参与多层次社会保障体系的方式、作用与评估——基于一个初步的分析框架 ［J］. 辽宁大学学报（哲学社会科学版），2019，47（6）：1 – 21.

［31］刘冬梅，戴蓓蕊. 德国社会法中的家庭福利政策 ［J］. 德国研究，2017，32（3）：81 – 97.

［32］刘欢. 中国长期护理社会保险制度的功能定位、价值理念与实施路径 ［J］. 求实，2021（1）：46 – 58.

老年人收入、家庭居住安排与健康状况

◎贾凯冬　赵国昌[①]

西南财经大学经济与管理研究院

摘　要： 本文基于 CHARLS 2013—2018 年数据，使用工具变量方法解决老年人收入和家庭居住安排的内生性问题，研究了老年人收入对家庭居住安排的影响，以及老年人收入和家庭居住安排对老年人健康状况的影响。实证结果表明，老年人收入的增加、老年人与子女同住或邻近居住都显著改善了老年人的生活满意度，但具体作用机制存在差别。二者对老年人健康的影响也存在差别，老年人收入主要改善老年人精神健康状况，而家庭居住安排对老年人自评健康有显著的改善作用。同时，老年人收入增加对老年人与子女同住或邻近居住的概率有一定负面影响，尤其降低了贫困老年人与子女同住的概率。异质性分析表明，老年人收入以及家庭居住安排对不同性别、是否照顾孙子孙女的老年人健康状况的影响存在差异，表明同住后老年人得到子女照料是与子女同住能够改善老年人健康的机制之一。

关键词： 老年人收入；居住安排；老年人健康状况

---

① 贾凯冬，西南财经大学经济与管理研究院博士研究生，研究方向：劳动经济学；赵国昌，西南财经大学经济与管理研究院，教授、经济学博士，研究方向：劳动经济学、教育经济学、公共政策评估。

一、引言

近年来，我国人口老龄化问题越来越严重，图 1 展示了根据《中国人口和就业统计年鉴》绘制的 1996 年以来我国 65 岁及以上老年人口占比和老年抚养比变化趋势。[①] 从图 1 可以看到，自 1996 年以来我国老年人占比和老年抚养比都呈现出不断上升的趋势，并且老年抚养比的增长速度近年来有所增加。根据第七次人口普查的数据，2020 年我国 60 岁以上老年人占比为18.7%，65 岁以上老年人占比为 13.5%。从老龄化问题的地区分布来看，除西藏外，全国其他省份 60 岁以上老年人占比均超过 10%，65 岁以上老年人占比均超过 7%，人口老龄化已经成为我国各个地区都普遍面临的问题。

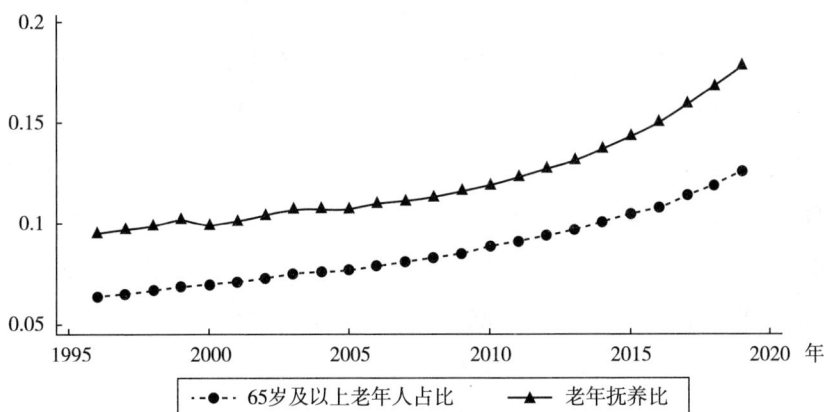

图1 老年人口占比和老年抚养比变动趋势

随着我国人口老龄化程度的不断加深，老年人的养老质量却不容乐观，老年人口自杀率远高于全国和世界平均水平（Li 等，2009）。尽管近年来我国老年人自杀率总体上呈现出一定的下降趋势，但是老年人自杀率仍然处于较高的水平。本文根据 2020 年《中国卫生健康统计年鉴》绘制了 2019 年城乡各个年龄段的居民自杀率，如图 2 所示。

---

① 《中国人口和就业统计年鉴》中老年抚养比计算公式为：$\dfrac{65\ 岁及以上的老年人口数}{15\sim64\ 岁的劳动年龄人口数}$。

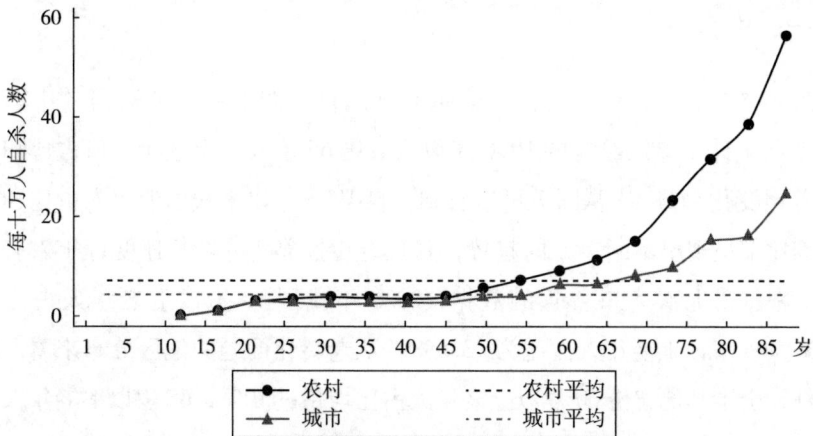

图 2 2019 年城乡、年龄段每十万人自杀人数

从图 2 可以看到，我国居民自杀率呈现出随年龄增加不断提高的趋势，城乡 50 岁及以上老年群体的自杀率明显高于全国平均水平，农村居民自杀率也明显高于城市居民。较高的自杀率表明我国老年人，尤其是农村老年人可能面临比较严重的精神健康问题和幸福感危机。面对日益严重的老龄化和老年人口养老问题，如何保障并改善老年人的生活水平显得越来越重要，也受到日益广泛的关注：2008 年《关于进一步加强新形势下离退休干部工作的意见》中首次提出要实现"老有所养、老有所医、老有所教、老有所学、老有所乐、老有所为"的目标；党的十九大报告提出要"积极应对人口老龄化，构建养老、孝老、敬老政策体系和社会环境"；中国共产党第十九届中央委员会第四次全体会议公报提出要"健全幼有所育、学有所教、劳有所得、病有所医、老有所养、住有所居、弱有所扶等方面国家基本公共服务制度体系"；2019 年 2 月 3 日，习近平总书记在春节团拜会上发表讲话时指出要实现"老有所养、老有所依、老有所乐、老有所安"；2020 年政府工作报告中也提到"上调退休人员基本养老金，提高城乡居民基础养老金最低标准"；"十四五"规划中也再一次提出要实施积极应对人口老龄化国家战略，并提出了一系列配套措施。

老有所乐、老有所安是保障和改善老年人养老状况的最终目标，而老有所养和老有所依则是实现这两个目标的物质基础和保障。为了实现老年人老有所养、老有所依，一方面要不断提高老年人自身收入水平，另一方面要为老年人日常生活提供一定的照料。由于家庭养老是我国老年人最主要的养老模式①，因此老年人家庭居住安排，尤其是是否与子女同住或邻近居住，是影响老年人在日常生活中能否得到照料的重要因素。因而老年人家庭居住安排以及老年人收入这两个变量可能对老年人养老质量产生显著的影响。已有文献分别从这两个角度出发，用生活满意度、健康状况等指标衡量老年人福利水平，研究了收入或家庭居住安排对老年人福利状况的影响（亓寿伟、周少甫，2010；李实、杨穗，2011；曾宪新，2011；任强、唐启明，2014；张川川等，2015；张晔等，2016；李延宇等，2017；Huang和Zhang，2021）。也有文献同时从收入和家庭居住安排的角度出发，研究了这两个因素对老年人健康状况的影响（刘宏等，2011；张苏、王婕，2015），但是这两篇文献都没有很好地解决实证结果中的内生性问题，从而导致其结论可能存在偏误。因此，本文使用工具变量方法解决老年人收入和家庭居住安排的内生性问题，参考 Lewbel（2012）的方法构造收入的工具变量，选择老年人居住意愿与社区其他家庭平均居住安排的交互项作为受访家庭居住安排的工具变量，估计了老年人收入对老年人家庭居住安排的影响，以及老年人收入和老年人家庭居住安排对老年人健康状况的影响。

本文的基本框架：第二部分主要对相关文献进行了梳理和回顾，第三部分介绍了实证部分使用的数据和基本描述性统计结果，第四部分介绍了本文的实证方法和主要实证结果，第五部分是结论及政策建议。

二、文献综述

老年人健康状况和主观幸福感等指标是衡量老年人养老质量最常见的指标，已经有很多文献从收入、收入差距、家庭居住安排等角度研究了这些变量如何影响老年人的养老质量。已有文献的结果表明，老年人收入增

①　根据民政部数据，现阶段中国老年人养老方式呈现出"9073"的格局：90%的老年人居家养老，7%的老年人依托社区支持养老，3%的老年人入住机构养老。

加对老年人主观幸福感、对生活状况的满意度以及自评健康状况等指标都有显著的改善作用（亓寿伟、周少甫，2010；李实、杨穗，2011；张川川等，2015；Huang 和 Zhang，2021）；收入差距的扩大对老年人的自评健康状况、主观幸福感等指标则产生了显著的负面影响（李实、杨穗，2011；胡洪曙、鲁元平，2012）；"空巢"会显著降低老年人的健康状况以及认知能力（李延宇等，2017），老年人家庭居住安排对老年人的情感健康状况有显著影响（任强、唐启明，2014），老年人居住偏好是否得到满足也会显著影响老年人的生活满意度（曾宪新，2011；张苏、王婕，2015）；此外，还有文献老年人健康状况、医保参与情况、照料孙子女等角度出发，研究了这些因素对老年人生活满意度等指标的影响（亓寿伟、周少甫，2010；靳小怡、刘妍珺，2017）。刘宏等（2011）研究了老年人养老模式对老年人健康的影响，用老年人家庭居住安排和老年人主要生活来源来衡量老年人的养老模式，其文章结论表明经济独立且居住独立的老年人健康状况最好，而需要依赖政府或子女供养的老年人健康状况最差。张苏、王婕（2015）从家庭孝养伦理的角度出发探讨了老年人养老保险、家庭居住安排以及老年人健康之间的关系，其文章结论表明老年人家庭居住安排与其居住意愿相符会显著改善老年人的健康状况，全样本和农村样本中老年人领取养老金提高了老年人与子女同住的概率，城市样本中老年人收入增加降低了老年人与子女同住的可能性。上述两篇文章虽然讨论了老年人收入、家庭居住与老年人福利水平的关系，但是都没有较好地解决回归中的内生性问题，因此其估计结果可能存在一定的偏误。也有很多文献研究了老年人收入对家庭居住安排的影响，但是已有文献关于老年人收入对家庭居住安排的影响并没有得出一致的结论（程令国等，2013；张苏、王婕，2015；Huang 和 Zhang，2021）。

已有文献大多通过工具变量的方法解决老年人家庭居住安排的内生性问题。李延宇等（2017）选择老年人有心事时是否与家人倾诉、老年人住房来源两个变量构造受访老年人是否空巢的工具变量；何欣等（2020）选择家庭所在社区其他受访家庭与子女同住比例作为受访家庭是否与子女同住的工具变量。除此之外，Fang 等（2020）认为农历新年会带来子女陪伴的增加，用中国农历新年对应公历时间的差异估计了家庭陪伴对老年人自杀率的影响，发现农历新年期间老年人的自杀率有显著的降低，表明子女陪伴显著改善了老年人的精神健康状况。文献中研究我国老年人收入对老年人生活的影响大多是基于 2009—2012 年推行的新农保政策，采用 DID 或 RD 方法进行因果识别，从而估计老年人收入对老年人及其家庭的影响。陈华帅、曾毅（2013）估计了新农保政策对家庭转移支付的影响，发现新农保政策显著降低了老年人收到的来自子女的转移支付，降低了子女的养老负担，并且认为新农保对农村老年人子女的影响高于其对农村老年人本身的影响。程令国等（2013）使用 DID 方法研究了新农保对老年人家庭居住安排以及日常照料的影响，发现新农保政策降低了老年人与子女同住的概率，降低了老年人与子女同住的意愿，也降低了老年人受到子女照料的概率。张川川、陈斌开（2014）从家庭养老与社会养老的角度出发，使用 RD 方法研究了新农保政策对老年人收到转移支付的影响，其结论表明，新农保政策降低了老年人收到子女转移支付的概率，但是在收到转移支付的样本中，新农保政策对老年人收到转移支付的金额并没有显著的影响。此外，还有文献从老年人收入、贫困问题、消费支出、家庭居住安排、健康状况、劳动供给、死亡率等多个角度出发，采用 DID 和 RD 方法综合研究了养老保险对老年人的影响（张川川等，2015；Huang 和 Zhang，2021）。此外，Huang 和 Zhang（2021）还发现新农保除了对农村 60 岁及以上老年人的福利水平产生了显著影响，对农村 60 岁及以下老年人的医保参与情况和劳动供给也有显著的影响。张晔等（2016）使用 DID 方法研究了新农保对老年人养老质量的影响，发现新农保政策显著改善了老年人认知能力和健康状况。虽然用工具变量方法也可以解决收入的内生性问题，但是这一方法难以找到满足排他性假设的工具变量。马光荣、周广肃（2014）估计了新农保对家庭储蓄的影响，为了解决是否参与新农保可能存在的内生性问题，选择受访者所在县是否开展新农保试点作为工具变量，发现新农保显著降低了 60 岁及以上老年人的家庭储蓄，而对 60 岁及以下老年人储蓄没有显著影响。Lewbel（2012）提出的基于内生解释变量异方差性质来构造工具变量的方法能够解决这一问题，这种基于异方差性质构造工具变量的方法主要用于难以通过常规方式找到满足排他性假设的工具变量的情况。已有文献在无法找到满足排他性假定的工具变量时通过这一方法构造工具变量来解决内生性问题，或是采用这种方法进行稳健性检验（Rashad 和 Markowitz，2009；Emran 和 Hou，2013；Zhao，2015；hurchill 等，2020；张楠等，2021；Banerjee 等，2021）。

三、数据说明与描述性统计

本文主要使用 CHARLS 2013—2018 年数据，只保留了数据中 50 岁以上的样本。CHARLS 数据中老年人的收入信息主要包括劳动收入、家庭农业经营利润或企业经营利润、代际转移支付净收入、其他转移支付收入等类型，本文根据上述收入类型计算了每个受访家庭中老年人平均每月收入。老年人与子女同住或是邻近居住都有可能在生活中更多地受到子女的照料，因此本文分别使用受访家庭是否与子女同住、受访家庭上一年度与子女同住时间两个指标来衡量老年人是否与子女同住，用受访老年人是否与子女住在同一单元楼或院子、受访老年人是否与子女住在同一村或社区来衡量老年人是否与子女邻近居住。但是受访老年人是否与子女住在同一村或社区这一问题只在 2013 年和 2015 年 CHARLS 问卷中进行了询问，受访家庭上一年度与子女同住时间这一问题只在 2018 年 CHARLS 问卷中进行了询问。本文选择了老年人生活满意度、精神健康状况以及老年人自报健康状况三个指标并分别生成虚拟变量来综合衡量老年人的健康状况。首先是老年人生活满意的虚拟变量，若受访老年人对生活感到比较满意、非常满意或极其满意则取值为 1，反之为 0。若受访老年人自报健康状况为很好、好或一般则自报健康取值为 1，反之为 0。精神健康变量与前两个变量相比较为复杂，首先本文根据 CHARLS 问卷中抑郁量表（CESD 量表）部分的数据计算了老年人抑郁程度。CESD 量表中每道题目的答案都分为很少、不太多、有时、大多数时候四种，根据严重程度分别取值 1~4，取值越高表示这一项程度越高。① 其次本文将 10 个问题的得分加总计算了老年人的综合 CESD 得分，若受访老年人 CESD 得分高于样本平均水平，或受访老年人在某种或某几种负面情绪上表现得尤其严重（对应变量取值为 4），则认为该受访老年人精神健康状况较差，精神健康状况取值为 0，反之精神健康状况取值为 1。

由于本文在计算老年人收入的过程中包括老年人的所有收入类型，其中有部分老年人因为家庭经营企业亏损、家庭代际转移支付支出较多而出现负收入；同时也有部分老年人因为代际转移支付收入较多或家庭前一年份收到拆迁补偿款等出现收入过高的情况。为了避免收入极端值对回归结果的影响，本文用收入分布的 1% 和 99% 分位数对收入变量进行了截尾处理。同时，在回归中还删除了平均月收入为负的样本。主要变量的基本描述性统计结果如表 1 所示。

表 1　　　　　　　　　主要变量的基本描述性统计结果

变量名		全样本		2013 年	2015 年	2018 年
		均值	标准差	均值		
收入	平均月收入（元）	1276.8	1822.4	1032.8	1028.5	1577.9
	是否贫困	0.333	0.471	0.399	0.398	0.253
基本信息	年龄（岁）	63.4	9.6	63.2	62.3	64.1
	男性	0.489	0.500	0.488	0.479	0.495
	城镇	0.503	0.500	0.526	0.498	0.491
	农业户口	0.700	0.458	0.679	0.721	0.704
	非农业户口	0.287	0.452	0.309	0.276	0.278
	统一居民户口	0.013	0.111	0.012	0.003	0.018
	其他户口类型	0.000	0.011	0.000	0.000	0.000
	参与农业劳动	0.399	0.490	0.398	0.406	0.396
	参与非农业劳动	0.273	0.445	0.280	0.288	0.260

———————

① CESD 量表中绝大多数题目都是某种负面情绪的严重程度，但是有"我对未来充满希望"和"我很愉快"两种正面情绪，这两个问题的答案需要反向计分。题中给出了四个严重程度的具体判断标准，"很少"表示低于 1 天，"不太多"表示 1~2 天，"有时"表示 3~4 天，"大多数时候"表示 5 天以上。

续表

变量名		全样本		2013 年	2015 年	2018 年
		均值	标准差	均值		
受教育程度	小学及以下	0.613	0.487	0.601	0.603	0.627
	初中	0.225	0.417	0.218	0.237	0.223
	高中（含中专）	0.128	0.334	0.139	0.127	0.121
	大专及以上	0.034	0.181	0.042	0.033	0.029
婚姻和子女状况	已婚且与配偶同住	0.796	0.403	0.798	0.824	0.779
	已婚但未与配偶同住	0.052	0.221	0.054	0.044	0.054
	分居	0.003	0.053	0.003	0.002	0.003
	离异	0.010	0.100	0.011	0.007	0.011
	丧偶	0.136	0.343	0.131	0.121	0.147
	从未结婚	0.003	0.056	0.001	0.001	0.006
	同居	0.001	0.022	0.001	0.001	0.000
	子女数量（人）	2.737	1.542	2.657	2.647	2.841
	已婚子女占比（%）	0.770	0.346	0.743	0.785	0.781
健康状况	自认为健康	0.768	0.422	0.759	0.787	0.765
	对生活感到满意	0.894	0.308	0.871	0.924	0.892
	精神健康	0.321	0.467	0.323	0.331	0.313
	ADL/IADL 得分	23.578	8.369	23.294	22.816	24.147
	有慢性疾病	0.663	0.473	0.530	0.534	0.824
	有躯体残疾	0.082	0.274	0.053	0.072	0.107
	有大脑受损或智力缺陷	0.073	0.261	0.050	0.067	0.093
	有失明或半失明	0.114	0.317	0.071	0.103	0.148
	有聋或半聋	0.173	0.379	0.122	0.168	0.212
	有哑或严重口吃	0.012	0.110	0.008	0.011	0.016
养老保险类型	机关事业单位退休金	0.042	0.201	0.050	0.031	0.043
	企业职工基本养老保险	0.132	0.339	0.120	0.095	0.161
	城乡居民养老保险	0.035	0.183	0.008	0.014	0.064
	城镇居民养老保险	0.017	0.129	0.019	0.016	0.016
	新型农村养老保险	0.245	0.430	0.210	0.232	0.277
	补充养老保险（年金）	0.003	0.054	0.003	0.003	0.003
	征地养老保险	0.017	0.129	0.017	0.015	0.018

| 变量名 | | 全样本 | | 2013 年 | 2015 年 | 2018 年 |
		均值	标准差	均值		
养老保险类型	商业养老保险	0.002	0.049	0.004	0.001	0.002
	其他养老保险	0.046	0.209	0.095	0.067	0.000
	未开始领取养老保险	0.485	0.500	0.517	0.562	0.423
家庭居住安排	与子女同住	0.463	0.499	0.531	0.489	0.404
	上一年与子女同住时间（月）	5.583	5.566	—	—	5.583
	与子女住在同一单元楼或院子	0.546	0.498	0.578	0.537	0.528
	与子女住在同一社区或村	0.721	0.449	0.741	0.695	—

注：描述性统计结果中进行了加权处理，使用 CHARLS 数据中进行了家庭和个人拒访率调整之后的个人权重变量 INDV_weight_ad2，之后结果中如无特殊说明也同样使用这一变量进行加权。

样本中老年人平均月收入约为 1276.8 元，并且 2013—2018 年样本中老年人平均月收入有了明显提高，增幅接近 50%。样本中老年人贫困问题较为严重，有超过 30% 的老年人平均月收入水平低于贫困线标准，但是贫困老年人占比近年来有明显下降，从 2013 年的 40% 左右下降到 2018 年的 25% 左右。样本中老年人平均年龄约为 63 岁，性别分布较为平衡，接近半数老年人居住在城镇地区，但从户口类型来看仍然以农业户口为主，约占全部样本的 70%。从受访老年人劳动参与情况来看，样本中老年人劳动参与以农业劳动为主，约 40% 的老年人上一年度参与了农业劳动，同时约有 27% 的老年人上一年度参与了非农业劳动。样本中老年人学历普遍较低，小学及以下学历老年人占比超过 60%。从婚姻和子女状况来看，接近 80% 的老年人已婚，家庭平均子女数量为 2.7 个。有接近半数的老年人至少与一名子女同住，2018 年受访老年人上一年度平均与子女同住时间约为 5.5 个月，与子女住在同一单元楼或院子、与子女住在同一社区或村的受访者占比分别约为 55% 和 70%，但是与子女同住或邻近居住的占比在逐年降低。从老年人健康状况来看，77% 的老年人自认为健康，并且这一比例在不同年份之间没有明显的差别，接近90%的受访者对生活感到满意或基本满意，老年人的生活满意度和自评健康状况都普遍较好。但从其他客观健康指标来看，样本中老年人健康状况不容乐观，尤其是精神健康方面：仅有30%左右的老年人精神健康状况较好；慢性疾病占比和各类残疾占比都在逐年提高；反映老年人身体功能障碍程度的ADL/IADL得分近年来也有所上升。这一差异表明老年人的主观自评健康指标与客观健康指标相比的确存在差别，主观自评健康指标中可能包含了一些客观指标无法反映的信息（李琴等，2014），从而导致主观自评健康反映的老年人健康状况明显优于客观指标反映的老年人健康状况。从养老保险类型来看，不同养老保险类型的分布情况基本保持稳定，领取新农保的老年人占比最高，样本中有接近1/4的人领取新农保且占比不断提高，在开始领取养老金的样本中领取新农保的老年人占比超过50%。① 总体上样本中开始领取养老金的老年人占比较低，这是因为本文将样本的年龄下限设置为50岁，而由于我国养老保险制度安排，50～60岁这一年龄段开始领取养老金或退休金的老年人占比较低。

四、识别策略与实证结果

（一）识别策略

由于本文实证中存在的内生性问题，因而OLS估计结果是有偏的，因为收入变量与老年人不可观测的特征相关，而这些不可观测特征同样可能影响老年人居住安排选择以及老年人的健康状况。同时，我们也很难能够为收入变量找到一个真正外生的工具变量来解决内生性问题。已有文献在研究我国老年人收入的影响时大多使用DID或RD等方法，基于我国新农保政策冲击研究新农保政策对老年人居住安排和福利水平等因素的影响。而本文参考了Lewbel（2012）的方法，利用收入的异方差性质构造工具变量来解决内生性问题。假设有如下的实证模型：

$$Y_1 = X' \beta_1 + Y_2 \gamma_1 + \varepsilon_1 \tag{1}$$

---

① 由于篇幅限制，本文在正文部分没有给出领取养老金的样本中不同养老金类型的分布情况。

$$Y_2 = X'\beta_2 + \varepsilon_2 \tag{2}$$

其中，Y_1 为被解释变量，Y_2 为内生解释变量，X 包括其他一系列模型的控制变量，ε_1 和 ε_2 分别为两个回归方程中的误差项且二者相关，X 和 ε_1、ε_2 均不相关。为了得到方程（1）中 Y_2 的系数 γ_1 的一致估计量，常规的工具变量方法要求 X 中有至少一个变量在方程（1）中系数为零而在方程（2）中系数不为零，即能够找到满足排他性假设的工具变量。Lewbel（2012）给出了无法找到满足排他性假设的工具变量时的替代方法，同样可以用来解决内生性问题。假设存在向量 Z 满足 $Cov(Z, \varepsilon_2^2) \neq 0$ 且 $Cov(Z, \varepsilon_1\varepsilon_2) = 0$，可以构造 $(Z - \bar{Z})\varepsilon_2$ 作为 Y_2 的工具变量，之后采用传统的工具变量回归方法得到 γ_1 的估计结果。第一条性质可以保证构造出来的工具变量没有弱工具变量问题，第二条性质可以保证构造的工具变量满足外生性假设。这里 Z 既可以是完全不同于 X 的一组变量，又可以部分或全部属于 X。由于这里使用的工具变量是人为构造的，很难直观判断构造的工具变量是否满足相关性和排他性假设，Lewbel（2012）也给出了相应的检验方法：可以通过异方差检验来判断假设 $Cov(Z, \varepsilon_2^2) \neq 0$ 是否得到满足；通过 Hansen J 统计量检验模型的其他假设，尤其是 $Cov(Z, \varepsilon_1\varepsilon_2) = 0$ 是否得到满足。这里本文选择的 Z 向量包括年龄及其平方项，之后的实证部分报告了异方差检验结果以及每个 IV 估计结果的 Hansen J 统计量，以此说明本文工具变量方法的有效性。但是 Lewbel（2012）也提到，在能够找到满足排他性假设的工具变量时，传统工具变量方法的结果更加可靠。

为了识别老年人家庭居住安排对老年人健康状况的影响，我们同样需要解决老年人家庭居住安排的内生性问题。这一内生性问题可能来源于父母与子女之间的关系等不可观测特征引起的遗漏变量偏误，也可能来源于老年人健康状况与老年人家庭居住安排之间的双向因果关系。2013 年 CHARLS 问卷中询问了受访老年人的居住安排意愿①，本文根据这一问题的

---

① 问卷中这两个问题的具体表述为："假定一个老年人有配偶和成年子女，而且与子女关系融洽，您觉得怎么样的居住安排对他最好？"和"假定一个老年人没有配偶，但是有成年子女，而且与子女关系融洽，您觉得怎么样的居住安排对他最好？"

答案生成了老年人在丧偶情况下是否偏好与子女同住、老年人在有配偶情况下是否偏好与子女同住两个虚拟变量，选择用这两个变量作为老年人家庭实际居住安排情况的工具变量。① 由于这两个变量反映了老年人理想的家庭居住安排情况，因此与老年人家庭的实际居住情况是相关的，满足相关性假定。此外，由于这一问题并非直接询问该受访老年人对自身家庭居住安排的偏好，因此也不会受到家庭内部关系等不可观测因素的影响，同时这种居住安排偏好本身也并不会对老年人的健康产生直接影响，能比较好地满足外生性假设。但是老年人健康状况、老年人家庭特征等因素可能会对老年人的居住偏好产生影响。为了避免这些因素影响工具变量的外生性，本文在回归中控制了一系列反映老年人客观健康状况的变量，包括老年人的残疾情况、是否患有慢性疾病以及 ADL/IADL 得分，也控制了老年人子女数量、婚姻状况以及已婚子女比例来控制老年人家庭特征。由于居住偏好这一变量只在 2013 年问卷中进行了询问，本文参考了何欣等（2020）的方法，计算了所在社区其他受访家庭的平均家庭居住安排情况并与老年人居住偏好进行交互，作为最终使用的工具变量。

（二）实证结果

首先，本文估计了老年人平均月收入对老年人健康状况的影响，核心解释变量是老年人平均月收入，被解释变量分别为是否对生活感到满意、是否精神健康以及是否自评健康。控制变量包括老年人年龄及其平方项、性别、受教育程度、户口类型、城乡、是否参与农业劳动、是否参与非农业劳动、婚姻状况（包括与配偶同居情况）、子女数量。为了进一步控制老年人身份特征可能的影响，本文还控制了受访老年人领取的养老保险类型。加入了家庭已婚子女占比来控制子女婚姻情况，加入标准化 ADL/IADL 得分、是否残疾、是否有慢性疾病三方面变量控制老年人的疾病和残疾情况，此外还控制了城市固定效应和年度固定效应。为了解决收入变量的内生性

---

① 调查过程中每个受访家庭的主要受访者及其配偶都需要回答这一问题，但是受访者配偶这一问题缺失情况较为严重，并且受访者及其配偶居住意愿的分布情况非常类似，因此本文主要选择了主要受访者的居住意愿作为工具变量。

问题，本文使用 Lewbel IV 的方法，使用年龄及其平方项来构造收入的工具变量，本文在回归结果中也报告了异方差检验的结果，回归结果如表 2 所示。

表 2　　　　　　　　　　收入对老年人健康状况的影响

变量	OLS			IV		
	生活满意	精神健康	自报健康	生活满意	精神健康	自报健康
ln _ income	0.013 ***	0.016 ***	0.007 ***	0.015 **	0.015 *	0.009
	(0.002)	(0.005)	(0.002)	(0.006)	(0.009)	(0.006)
异方差检验	—	—	—	2059.7 ***	1817.7 ***	2433.9 ***
Hansen – J	—	—	—	0.88	1.89	1.04
KP – F	—	—	—	173.53	163.05	195.79
样本量	27441	24915	29470	27441	24915	29470
R^2	0.082	0.132	0.207	0.053	0.086	0.169

注：*，**，*** 分别表示在 10%、5% 和 1% 显著性水平下显著，括号中为聚类稳健标准误，在社区层面聚类。由于篇幅限制，正文只报告了关键解释变量的系数。由于之后的回归结果中均使用同样的方法构造收入的工具变量，异方差检验结果只会因为样本量的差异而出现差别，因此之后的回归结果中本文都没有报告异方差检验结果。

表 2 中 OLS 结果表明，老年人收入的增加会显著提高老年人对生活感到满意的概率、显著提高老年人精神健康状况良好的概率、显著提高老年人自认为健康的概率。但是由于内生性问题，OLS 结果可能是有偏的。之后本文通过 Lewbel IV 的方法，选择年龄及其平方项来构造收入的工具变量来解决内生性问题，从异方差检验的结果来看这一做法具有可行性。一阶段弱工具变量检验的 KP – F 统计量均超过 10，同时过度识别检验的 Hansen J 统计量均不显著，这表明本文构造的工具变量既满足相关性假定又满足排他性假定，IV 估计的结果是比较可靠的。从 IV 估计结果来看，在解决了内生性问题之后，老年人收入的增加只对老年人的生活满意度和精神健康状况产生了显著的正面影响，对老年人自评健康状况也有一定的正面影响，但统计上并不显著。

之后本文估计了老年人收入水平对老年人家庭居住安排的影响，模型控制变量的选择与之前一致。OLS 估计结果如表 3 所示。表 3 中 poor 为一个

反映受访者平均月收入是否低于贫困线水平的虚拟变量。本文选择了 2010
年不变价格贫困线并根据各年 CPI 对其进行调整①，并将年收入贫困线转化
为月收入贫困线从而判断老年人月收入是否低于贫困线标准。从 OLS 回归
结果可以看到，老年人收入水平总体上对老年人家庭居住安排都没有显著
影响，只有是否贫困对老年人家庭居住安排有显著影响：贫困老年人更可
能与子女邻近居住，贫困老年人上一年与子女同住时长也更长。但是在回
归中加入收入和贫困的交互项，或者在回归中增加收入的平方项之后，可
以发现收入与老年人家庭居住安排之间存在显著的非线性关系：对于低收
入老年人而言，其收入的增加会降低老年人与子女同住或邻近居住的概率、
降低老年人与子女同住时长；对于高收入老年人而言，收入的增加会提高
老年人与子女同住或邻近居住的概率、提高老年人与子女同住时长。并且
在加入收入和收入平方项的回归中，拐点对应的收入也都在 5 左右，而本文
使用的贫困线标准对应的对数月收入约为 5.4，这表明老年人收入对家庭居
住安排的影响的确在贫困和非贫困老年人中存在显著差别。

表 3　　　　　老年人收入对老年人家庭居住安排的影响（OLS）

变量	是否与子女同住				上年与子女同住时间（月）			
ln _ inc	0.000	—	0.041 ***	-0.051 ***	-0.020	—	0.462 ***	-0.648 ***
	(0.003)	—	(0.008)	(0.010)	(0.063)	—	(0.123)	(0.174)
poor	—	0.012	0.358 ***	—	—	0.359 **	4.092 ***	—
	—	(0.010)	(0.057)	—	—	(0.143)	(0.892)	—
poor * ln _ inc	—	—	-0.058 ***	—	—	—	-0.533 ***	—
	—	—	(0.010)	—	—	—	(0.155)	—
ln _ inc^2	—	—	—	0.005 ***	—	—	—	0.061 ***
	—	—	—	(0.001)	—	—	—	(0.016)
样本量	29348	32181	29348	29348	14440	15625	14440	14440

---

① CPI 数据来自 CEIC 数据库，以 1978 年为基期。本文用 CPI 调整后的年收入贫困线标准如
下：2013 年为 2551.84 元，2015 年为 2639.36 元，2018 年为 2792.5 元。

续表

变量	是否与子女住在同一公寓楼或院子				是否与子女住在同一社区或村			
ln _ inc	- 0. 003	—	0. 027 ***	- 0. 042 ***	- 0. 005	—	0. 022 *	- 0. 030 **
	(0. 003)	—	(0. 008)	(0. 009)	(0. 004)	—	(0. 013)	(0. 012)
poor	—	0. 017 *	0. 264 ***	—	—	0. 025 **	0. 214 **	—
	—	(0. 010)	(0. 059)	—	—	(0. 013)	(0. 088)	—
poor * ln _ inc	—	—	—	- 0. 042 ***	—	—	—	- 0. 033 **
	—	—	—	(0. 010)	—	—	—	(0. 014)
ln _ inc²	—	—	—	0. 004 ***	—	—	—	0. 003 *
	—	—	—	(0. 001)	—	—	—	(0. 002)
样本量	29348	32181	29348	29348	14908	16556	14908	14908

注: *，**，*** 分别表示在 10%、5% 和 1% 显著性水平下显著，括号中为聚类稳健标准误，在社区层面聚类。由于篇幅限制，正文只报告了关键解释变量的系数。在判断老年人是否贫困时没有删除负收入样本。

但是上述结果同样可能存在内生性问题，之后本文同样使用 Lewbel (2012) 的方法构造工具变量解决收入的内生性问题。同时，为了尽可能让模型简化，本文选择将样本分为贫困样本和非贫困样本的方法来研究收入对居住安排在贫困群体和非贫困群体中的异质性影响，IV 估计结果如表 4 所示。

表 4　　　　老年人收入对老年人家庭居住安排的影响（IV）

变量	全样本	贫困	非贫困	全样本	贫困	非贫困
	是否与子女同住			上一年与子女同住时间（月）		
ln _ income	- 0. 015	- 0. 030 **	- 0. 038	- 0. 299	- 0. 292	- 0. 990
	(0. 010)	(0. 014)	(0. 073)	(0. 191)	(0. 316)	(0. 933)
Hansen - J	0. 12	1. 47	0. 10	0. 51	0. 71	0. 02
KP - F	195. 04	121. 71	33. 13	66. 80	64. 71	20. 37
样本量	29348	8420	20928	14440	3039	11401
变量	是否与子女住在同一公寓楼或院子			是否与子女住在同一社区或村		
ln _ income	- 0. 016	- 0. 039 ***	- 0. 059	0. 012	- 0. 040 **	- 0. 049
	(0. 010)	(0. 015)	(0. 072)	(0. 011)	(0. 016)	(0. 097)
Hansen - J	0. 16	2. 32	1. 44	3. 81 *	0. 40	0. 51

续表

变量	全样本	贫困	非贫困	全样本	贫困	非贫困
	是否与子女住在同一公寓楼或院子			是否与子女住在同一社区或村		
KP - F	195. 04	121. 71	33. 13	142. 95	67. 58	16. 08
样本量	29348	8420	20928	14908	5381	9527

注: *, **, *** 分别表示在 10%, 5% 和 1% 显著性水平下显著, 括号中为聚类稳健标准误, 在社区层面聚类。由于篇幅限制, 正文只报告了关键解释变量的系数。

从 IV 估计结果来看, 对于贫困群体而言, 老年人收入的增加会显著降低他们与子女同住或邻近居住的概率, 对老年人与子女同住时长也有负面影响但并不显著。而在全样本或非贫困老年人样本中, 老年人收入的增加对老年人家庭居住安排也有一定的负面影响, 但系数均不显著。这一结果表明, 贫困老年人群体家庭居住安排可能更多地受到老年人收入水平的影响, 而非贫困老年人群体家庭居住安排可能更多地与老年人及子女的居住偏好等非收入因素有关。

之后本文估计了老年人收入和老年人家庭居住安排对老年人生活满意度和健康状况的影响, 同样使用之前的方法处理收入变量的内生性问题, 同时使用老年人居住意愿与社区其他家庭平均居住安排的交互项作为受访家庭居住安排的工具变量解决家庭居住安排的内生性问题, 控制变量和固定效应的选择仍然与之前回归一致, OLS 和 IV 估计结果如表 5 所示。

表 5　　　老年人收入和家庭居住安排对老年人健康状况的影响

变量	生活满意度		精神健康状况		自报健康状况	
	(1)	(2)	(3)	(4)	(5)	(6)
	是否与子女同住					
ln _ income	0. 013 ***	0. 016 **	0. 016 ***	0. 020 *	0. 007 ***	0. 010
	(0. 002)	(0. 007)	(0. 005)	(0. 010)	(0. 002)	(0. 006)
居住安排	0. 015 ***	0. 153 ***	0. 006	− 0. 009	0. 018 ***	0. 091 **
	(0. 005)	(0. 047)	(0. 008)	(0. 078)	(0. 006)	(0. 046)
Hansen - J	—	1. 78	—	2. 51	—	0. 60
KP - F	—	19. 86	—	18. 54	—	21. 59
样本量	27328	24530	24815	22332	29348	29348

续表

变量	生活满意度		精神健康状况		自报健康状况	
	（1）	（2）	（3）	（4）	（5）	（6）
	是否与子女住在同一单元楼或院子					
ln_income	0.013 ***	0.017 **	0.016 ***	0.021 **	0.007 ***	0.010
	（0.002）	（0.008）	（0.005）	（0.010）	（0.002）	（0.006）
居住安排	0.013 ***	0.195 ***	0.011	0.015	0.010 *	0.102 *
	（0.005）	（0.060）	（0.009）	（0.088）	（0.006）	（0.059）
Hansen－J	—	1.88	—	3.01	—	0.27
KP－F	—	13.50	—	13.76	—	13.63
样本量	27328	24530	24815	22332	26008	26008

注：*，**，*** 分别表示在10%，5%和1%显著性水平下显著，括号中为聚类稳健标准误，在社区层面聚类。由于篇幅限制，正文只报告了关键解释变量的系数。

表5中列（1）、（3）、（5）汇报了 OLS 估计结果，列（2）、（4）、（6）汇报了 IV 估计结果。从 OLS 结果来看，老年人收入对老年人自评健康、精神健康状况以及生活满意度都有显著的影响，老年人与子女同住或邻近居住能够显著改善老年人的生活满意度和自评健康状况，但对老年人自评健康状况的改善作用并不显著。从 IV 估计结果来看，老年人收入增加、与子女同住或邻近居住都对老年人生活满意度产生了显著的改善作用，但二者对老年人健康的影响存在差别，老年人收入的增加主要改善了老年人的精神健康状况，而与子女同住或邻近居住则显著改善老年人的自评健康。对比 OLS 和 IV 估计结果中家庭居住安排的系数也会发现，IV 估计结果中家庭居住安排对老年人生活满意度和自评健康状况的影响远大于 OLS 估计结果，这表明老年人生活满意度和自评健康状况与老年人家庭居住安排之间的确存在双向因果关系。生活满意度较差、自评健康状况较差的老年人更需要子女的照顾，从而更有可能与子女同住，因此 OLS 估计低估了家庭居住安排对老年人生活满意度和自评健康的改善作用。但是在老年人精神健康状况的回归结果中并没有这样的差别，这一结果可能说明老年人精神健康状况的恶化不会提高老年人与子女同住的概率。这与 Fang 等（2020）的结果也较为一致，他们文章的结果也表明子女并不会因为老年人精神健康状况

的恶化而调整家庭居住安排。同时，结合之前的回归结果，本文认为家庭居住安排，包括老年人与子女同住或邻近居住，可以调节由老年人收入差距带来的老年人生活满意度的差距。

（三）机制分析

根据基准回归结果，老年人收入以及家庭居住安排对老年人生活满意度和自评健康状况的改善都有显著的影响，进一步地，本文试图探究这种影响背后的机制。首先，本文根据 CHARLS 问卷中生活满意度部分的问题，选择了生活满意度的两个细分指标，包括对健康状况的满意程度、对子女的满意程度作为被解释变量，研究老年人收入和家庭居住安排改善老年人生活满意度的具体机制。其次，本文还选择了两个不太可能受到老年人收入和家庭居住安排影响的满意度指标——老年人对配偶的满意度、对当地空气质量的满意程度作为被解释变量进行安慰剂检验，进一步增强本文实证结果的说服力。① 控制变量的选择以及识别策略与之前一致，IV 估计结果如表6 所示。

表6　　　　　老年人收入和家庭居住安排对细分满意度指标的影响

变量	对健康满意		对子女满意		对配偶满意		对空气质量满意	
ln _ income	0. 026 **	0. 027 *	0. 006	0. 005	0. 003	0. 009	0. 011	− 0. 000
	(0. 010)	(0. 014)	(0. 006)	(0. 006)	(0. 007)	(0. 009)	(0. 011)	(0. 019)
与子女同住	—	0. 038	—	0. 124 **	—	0. 083	—	− 0. 032
	—	(0. 088)	—	(0. 050)	—	(0. 061)	—	(0. 091)
Hansen – J	0. 16	1. 46	0. 90	4. 47	0. 06	0. 46	1. 60	4. 92 *
KP – F	81. 49	13. 35	81. 99	13. 34	80. 23	11. 85	67. 38	9. 84
样本量	20457	17828	20441	17812	19526	17000	13374	11335

注：*，**，*** 分别表示在10%、5% 和1% 显著性水平下显著，括号中为聚类稳健标准误，在社区层面聚类。由于篇幅限制，正文只报告了关键解释变量的系数。由于数据限制，对健康、子女和配偶满意程度的回归中只使用了 2015 年和2018 年两年的数据，对空气质量满意程度回归中只使用了 2018 年一年的数据。

_____

① 如果本文选择的工具变量不满足外生性假定，仍然与老年人不可观测的个人特征相关，那么可能会看到表6 结果中老年人收入和家庭居住安排对这两个满意度指标有显著影响。但是根据表6 的结果，安慰剂检验结果均不显著，从而进一步说明本文选择的工具变量比较外生。

从表6中的估计结果可以看到，虽然老年人收入和家庭居住安排都对老年人生活满意度产生了显著的改善作用，但是具体的作用机制是存在明显差别的。具体而言，老年人收入的增加主要改善了老年人对自身健康状况的满意程度，而与子女同住则主要改善了老年人对子女的满意程度。同时，对比之前的结果我们会发现，尽管与子女同住显著改善了老年人的自评健康状况，但是对老年人的健康满意度却没有显著的影响。本文认为这种差异可能是因为老年人的健康满意度不仅会考虑其自身的健康状况，也包括老年人与周边同龄人健康状况的比较，数据中也的确存在部分老年人自认为不健康却对自己健康状况满意，或是自认为健康但却对自己健康状况不满意。① 因此，这种自评健康状况与健康满意度之间的差异可能导致与子女同住虽然改善了老年人的自评健康状况，但是并不能改善老年人对自己健康状况的满意程度。而老年人收入的结果则刚好相反，老年人收入的增加尽管没有显著改善老年人的自评健康状况，但是显著改善了老年人的健康满意度，这可能是因为老年人收入的增加显著改善了老年人的精神健康状况，进而改善了老年人对自身健康状况的满意程度。安慰剂检验的结果中，老年人收入和家庭居住安排对老年人对配偶的满意程度、对当地空气质量的满意程度都没有显著影响，进一步证实了本文估计结果的可靠性。

之后，本文选择了一些具体的健康行为和指标，包括是否进行常规体检、上个月是否生过病作为被解释变量，估计老年人收入和家庭居住安排对老年人具体健康行为和指标的影响。IV估计结果如表7所示。从表7的估计结果中我们会发现，老年人收入和家庭居住安排对老年人上个月是否生过病都没有显著的影响。本文认为这可能是上个月是否生过病这个变量会受到太多其他因素的干扰，并不能反映老年人长期稳定的健康状况，因此收入和家庭居住安排对其都没有显著的改善作用。从是否参与常规体检的回归结果来看，收入的增加显著提高了老年人参与常规体检的概率，对一年内进行过常规体检、两年内进行过常规体检都有显著的促进作用。但是家庭居住安排

---

① 数据中自认为健康但对自身健康状况不满意、自认为不健康但对自己健康状况满意的样本量分别为2477和2371，这两类样本占比总共约19.89%。

在一定程度上对老年人参与常规体检产生了挤出效应，与子女同住的老年人更不可能参加体检。老年人参与体检主要是为了防范和规避自身可能存在的健康风险，因此对于不与子女同住的老年人而言，他们在遇到健康问题时更不可能受到来自子女的陪伴与照料，相对而言面对的健康风险水平更高，因此不与子女同住的老年人可能会更主动、频繁地参与常规体检来规避风险。但是对于与子女同住的老年人而言，他们在遇到健康问题时能够得到子女的帮助和照顾，因此可能会降低他们参与体检的频率。

表 7　　　老年人收入和家庭居住安排对体检参与和生病情况的影响

变量	一年内是否进行过常规体检		两年内是否进行过常规体检		上个月是否生过病	
ln_income	0.026 ***	0.021 **	0.023 ***	0.022 **	0.011	0.009
	(0.007)	(0.009)	(0.008)	(0.010)	(0.007)	(0.008)
与子女同住	—	− 0.177 **	—	− 0.154 *	—	− 0.063
	—	(0.086)	—	(0.084)	—	(0.087)
Hansen – J	0.18	0.49	0.01	0.11	4.45 **	1.08
KP – F	199.55	21.05	199.55	21.05	124.76	20.05
样本量	29137	25717	29137	25717	12454	11504

注：*，**，*** 分别表示在 10%，5% 和 1% 显著性水平下显著，括号中为聚类稳健标准误，在社区层面聚类。由于篇幅限制，正文只报告了关键解释变量的系数。上个月是否生过病这个变量只有 2013 年和 2015 年问卷中进行了询问。

（四）异质性分析

根据 Fang 等（2021），家庭陪伴对男性老年人和女性老年人的影响可能存在差异，因此本文首先估计了老年人收入和家庭居住安排对不同性别的老年人是否存在异质性影响，分样本 IV 估计结果如表 8 所示。表 8 中列（2）、（3）和列（5）、（6）分别用是否与子女同住、是否与子女住在同一单元楼或院子来衡量老年人家庭居住安排。从估计结果可以看到，老年人收入和家庭居住安排对男性老年人和女性老年人的确存在不同的影响。相对而言，老年人收入的增加对男性老年人的生活满意度和健康状况都有显著的改善作用，但对女性老年人并没有显著的影响。与子女同住或邻近居住只显著改善了女性老年人的生活满意度，对女性老年人的精神健康、自评健康没有显著影响，对男性老年人的影响也都不显著。这一结果表明男性老年人可能更关注自身收入水平，而女性老年人更重视来自子女的陪伴和照料。

表8　老年人收入和家庭居住安排对老年人健康状况的异质性影响（1）

变量	男性			女性		
	（1）	（2）	（3）	（4）	（5）	（6）
对生活感到满意						
ln_income	0.016*	0.017*	0.018*	0.011	0.012	0.014
	（0.008）	（0.011）	（0.011）	（0.008）	（0.009）	（0.010）
居住安排	—	0.066	0.072	—	0.255***	0.350***
	—	（0.051）	（0.061）	—	（0.066）	（0.092）
Hansen-J	0.46	1.19	1.33	1.84	2.90	3.20
KP-F	108.43	16.26	11.43	89.99	23.81	14.71
样本量	13484	11998	11998	13957	12532	12532
精神健康状况较好						
ln_income	0.018*	0.023*	0.024*	0.005	0.007	0.008
	（0.010）	（0.013）	（0.013）	（0.013）	（0.016）	（0.016）
居住安排	—	0.006	0.046	—	−0.001	0.005
	—	（0.117）	（0.130）	—	（0.086）	（0.106）
Hansen-J	0.06	0.95	1.24	1.82	1.45	1.75
KP-F	100.51	14.55	10.93	78.83	22.91	14.87
样本量	12525	11163	11163	12390	11169	11169
自认为健康						
ln_income	0.013*	0.016*	0.016*	0.002	0.001	0.001
	（0.007）	（0.008）	（0.008）	（0.008）	（0.010）	（0.010）
居住安排	—	0.064	0.066	—	0.100	0.127
	—	（0.063）	（0.075）	—	（0.063）	（0.085）
Hansen-J	1.61	1.49	1.04	0.05	0.61	0.42
KP-F	142.75	16.86	12.14	92.67	25.89	14.21
样本量	14422	12717	12717	15048	13291	13291

　　注：*，**，***分别表示在10%，5%和1%显著性水平下显著，括号中为聚类稳健标准误，在社区层面聚类。由于篇幅限制，正文只报告了关键解释变量的系数。

　　老年人与子女同住或邻近居住并不代表老年人在日常生活中一定会得到来自子女的照料，也有可能是老年人在生活中为子女提供照料。这两种不同类型的同住或邻近居住对老年人健康状况的影响很可能是存在差异的，但是样本中并没有一个变量能够直接对这两种情况进行区别。为了尽可能区分这两种情况，本文使用上一年度是否照顾孙子孙女这一指标对样本进行了分组：对于上一年度照顾了孙子孙女的这部分老年人而言，他们与子女同住更可能是老年人在生活上对子女和孙子孙女提供照料，而对于上一年度没有照顾孙子孙女的老年人则刚好相反。因此，本文选择数据中上一年度是否照顾孙子孙女这一变量进行分组，IV 回归结果如表 9 所示。表 9 列（2）、（3）使用是否与子女同住来衡量老年人家庭居住安排，列（5）、（6）则使用是否与子女住在同一单元楼或院子衡量家庭居住安排。从估计结果来看，在分样本 IV 估计结果中，用老年人居住意愿与社区其他家庭居住安排的交互项作为老年人是否与子女住在同一单元楼或院子的工具变量效果略差，一阶段回归的 F 统计量略低于 10。在分样本结果中，老年人收入对老年人健康状况在两个子样本中几乎都没有显著影响，只有在不照顾孙子孙女的样本中对老年人自评健康状况有一定的改善作用。而与子女同住或邻近居住对是否照顾孙子孙女的老年人健康状况及满意度的影响的确存在明显差别。对于上一年照顾孙子孙女的老年人而言，与子女同住或邻近居住对他们的生活满意度产生了显著的改善作用，但并没有改善他们的自评健康状况。而对于上一年没有照顾孙子孙女的老年人而言，与子女同住或邻近居住显著改善了他们的自评健康状况，但对其生活满意度没有显著影响。

　　对于不照顾孙子孙女的老年人而言，正如本文之前的观点，他们与子女同住更有可能是在日常生活中获得子女的照顾，因而这种家庭居住安排可能会通过为老年人提供更多照料的方式来改善老年人的健康状况。异质性结果表明，与子女同住或邻近居住的确会通过增加老年人得到的照料的机制来改善老年人的健康状况，但是本文实证结果也同样表明这种改善作用只对老年人自报健康水平有影响，并不会显著改善老年人精神健康状况，也不会提高老年人的生活满意度。这一结果表明，目前老年人子女在为父母提供日常生活照料时可能主要关心老年人的身体健康状况而忽视了老年人的精神健康状况。对于照顾孙子女的老年人而言，他们与子女同住可能并不意味着老年人生活中可以得到子女的照料。本文的实证结果表明，尽管这种居住安排不会改善老年人健康状况，但这种居住安排可以显著提高老年人的生活满意度。本文认为这一结果说明老年人的生活满意度可能并不仅仅是考虑其自身的生活水平和健康状况等因素，家庭等因素同样可能影响老年人对生活的满意度。因此，尽管这种三世同堂的居住方式可能并不能够为老年人提供额外的照料，甚至还需要老年人承担额外的家务劳动，但是仍然能够改善老年人的生活满意度。

表9　老年人收入和家庭居住安排对老年人健康状况的异质性影响（2）

变量	照顾孙子孙女			不照顾孙子孙女		
	（1）	（2）	（3）	（4）	（5）	（6）
对生活感到满意						
ln _ income	0.005	0.005	0.008	0.011	0.009	0.013
	(0.008)	(0.010)	(0.010)	(0.008)	(0.011)	(0.012)
居住安排	—	0.258 ***	0.310 ***	—	0.090	0.137
	—	(0.069)	(0.088)	—	(0.073)	(0.093)
Hansen－J	0.31	0.38	0.45	0.14	0.40	0.56
KP－F	60.24	11.69	8.57	83.51	13.83	8.75
样本量	12010	10787	10787	11788	10655	10655
精神健康状况较好						
ln _ income	0.009	0.009	0.011	0.008	0.019	0.017
	(0.014)	(0.016)	(0.016)	(0.015)	(0.019)	(0.019)
居住安排	—	－ 0.025	0.056	—	0.067	0.027
	—	(0.103)	(0.121)	—	(0.106)	(0.122)
Hansen－J	0.48	8.78 **	10.43 ***	1.32	0.62	0.72
KP－F	53.63	10.70	7.93	84.53	11.37	7.97
样本量	11127	10017	10017	10361	9407	9407
自认为健康						
ln _ income	0.010	0.011	0.011	0.016 *	0.014	0.017
	(0.008)	(0.009)	(0.009)	(0.009)	(0.012)	(0.013)

续表

变量	照顾孙子孙女			不照顾孙子孙女		
	(1)	(2)	(3)	(4)	(5)	(6)
	自认为健康					
居住安排	—	0.005	− 0.004	—	0.192 ***	0.218 **
	—	(0.057)	(0.066)	—	(0.073)	(0.098)
Hansen – J	0.13	0.11	0.09	0.09	0.24	0.01
KP – F	62.65	13.17	9.51	90.19	14.40	8.48
样本量	12619	11266	11266	12910	11484	11484

注: *, **, *** 分别表示在10%、5%和1%显著性水平下显著，括号中为聚类稳健标准误，在社区层面聚类。由于篇幅限制，正文只报告了关键解释变量的系数。

五、结论与政策建议

(一) 主要结论

随着我国老龄化程度的不断加深，如何保障和改善老年人的养老质量显得越来越重要，而老年人健康状况在其中发挥着重要的作用。本文使用 CHARLS 2013—2018 年的数据，研究了老年人收入对家庭居住安排的影响、老年人收入和家庭居住安排对老年人健康水平的影响。结果表明，老年人收入的增加、与子女同住或邻近居住都能显著改善老年人的生活满意度，但是二者对老年人健康状况的影响存在差别。老年人收入的增加显著改善了老年人的精神健康状况，而与子女同住或邻近居住则显著改善了老年人的自评健康状况。同时，老年人收入的增加对老年人与子女同住或邻近居住有一定的负面影响，尤其是对于贫困群体而言。因此，家庭居住安排可能会起到调节高收入老年人和低收入老年人之间生活满意度和健康差距的作用。

尽管老年人收入的增加、与子女同住或邻近居住都对老年人的生活满意度产生了显著的影响，但是具体的作用机制存在差别：老年人收入的增加主要改善了老年人对自身健康状况的满意程度，而与子女同住则主要改善了老年人对子女的满意程度。此外，老年人收入的增加会促使老年人更多地进行常规体检，但是与子女同住对老年人常规体检产生了一定的挤出效应。

最后，老年人收入和家庭居住安排对老年人健康状况的影响存在明显的性别差异，收入对男性老年人的生活满意度、自评健康状况和精神健康状况都有显著的正面影响，而与子女同住或邻近居住只显著改善了女性老年人的生活满意度。对于照顾孙子孙女的老年人而言，与子女同住或邻近居住能够显著改善他们的生活满意度，但是对其自评健康没有显著影响；对于不照顾孙子孙女的老年人而言，与子女同住或邻近居住虽然没有改善他们的生活满意度，但是显著提高了他们的自评健康水平，这表明与子女同住可能主要通过为老年人提供更多日常照料的渠道改善老年人的自评健康状况。

（二）政策建议

根据本文的实证结果，提高老年人收入对改善老年人健康状况有显著作用，为此需要从多方面入手增加老年人收入水平。首先，要鼓励有条件的老年人继续参与劳动力市场以提高其劳动收入，要逐步提高社会养老保险，尤其是新农保等现阶段保障水平较低的养老保险类型的养老金待遇，使得养老金收入能够满足老年人的基本生活需求。同时还要鼓励子女承担抚养父母的责任，通过代际转移支付的方式提高老年人收入水平。

其次，家庭居住安排对老年人健康状况也有一定影响，并且起到了缩小高收入老年人和低收入老年人之间的满意度差距的作用。而家庭养老也是中国现阶段最主要的养老模式，约有90%的老年人居家养老。因此鼓励老年人子女在日常生活中为父母提供力所能及的陪伴和照料，提升家庭养老模式的效果能够改善老年人的健康状况。

最后，子女在为老年人提供照料时应当更加关注老年人的精神健康状况。本文描述性统计结果表明中国老年人面临比较严重的精神健康问题，自杀率数据也进一步佐证了这一点。结果表明，老年人家庭居住安排对老年人精神健康状况的改善作用十分有限，这表明现阶段子女在给父母提供照料时可能只关注老年人的身体健康和物质需求，而忽视了老年人精神方面的需求和精神健康问题的治疗。因此，在照料老年人的过程中不仅要关注老年人的身体健康状况，更要关心老年人的精神生活和精神健康状况。

参考文献

[1] 陈华帅，曾毅．"新农保"使谁受益：老人还是子女？[J]．经济研究，2013，48（8）：55–67．

[2] 程令国，张晔，刘志彪．"新农保"改变了中国农村居民的养老模式吗？[J]．经济研究，2013，48（8）：42–54．

[3] 何欣，黄心波，周宇红．农村老龄人口居住模式、收入结构与贫困脆弱性[J]．中国农村经济，2020（6）：126–144．

[4] 胡洪曙，鲁元平．收入不平等、健康与老年人主观幸福感——来自中国老龄化背景下的经验证据[J]．中国软科学，2012（11）：41–56．

[5] 黄宏伟，展进涛，陈超．"新农保"养老金收入对农村老年人劳动供给的影响[J]．中国人口科学，2014（2）：106–115．

[6] 靳小怡，刘妍珺．照料孙子女对老年人生活满意度的影响——基于流动老人和非流动老人的研究[J]．东南大学学报（哲学社会科学版），2017，19（2）：119–129．

[7] 李琴，雷晓燕，赵耀辉．健康对中国中老年人劳动供给的影响[J]．经济学（季刊），2014，13（3）：917–938．

[8] 李实，杨穗．养老金收入与收入不平等对老年人健康的影响[J]．中国人口科学，2011（3）：26–33．

[9] 李延宇，高敏，张维军，等．空巢真的是影响城镇老年人健康的危险因素吗？[J]．人口学刊，2017，39（5）：77–93．

[10] 刘宏，高松，王俊．养老模式对健康的影响[J]．经济研究，2011，46（4）：80–93．

[11] 马光荣，周广肃．新型农村养老保险对家庭储蓄的影响：基于CF-PS数据的研究[J]．经济研究，2014，49（11）：116–129．

[12] 亓寿伟，周少甫．收入、健康与医疗保险对老年人幸福感的影响[J]．公共管理学报，2010，7（1）：100–107．

［13］任强，唐启明. 中国老年人的居住安排与情感健康研究［J］. 中国人口科学，2014（4）：82-91.

［14］张川川，John Giles，赵耀辉. 新型农村社会养老保险政策效果评估——收入、贫困、消费、主观福利和劳动供给［J］. 经济学（季刊），2015，14（1）：203-230.

［15］张川川，陈斌开. "社会养老" 能否替代 "家庭养老"？——来自中国新型农村社会养老保险的证据［J］. 经济研究，2014，49（11）：102-115.

［16］张楠，高梦媛，寇璇. 卫生公平的文化壁垒——跨方言区流动降低了公共卫生服务可及性吗［J］. 财贸经济，2021，42（2）：36-50.

［17］张苏，王婕. 养老保险、孝养伦理与家庭福利代际帕累托改进［J］. 经济研究，2015，50（10）：147-162.

［18］张晔，程令国，刘志彪. "新农保" 对农村居民养老质量的影响研究［J］. 经济学（季刊），2016，15（2）：817-844.

［19］曾宪新. 居住方式及其意愿对老年人生活满意度的影响研究［J］. 人口与经济，2011（5）：93-98.

［20］Awaworyi Churchill S，Smyth R，Farrell L. Fuel Poverty and Subjective Wellbeing［J］. Energy Economics，2020，86：104650.

［21］Banerjee S N，Roy J，Yasar M. Exporting and pollution abatement expenditure：Evidence from firm-level data［J］. Journal of Environmental Economics and Management，2021，105：102403.

［22］Emran M S，Hou Z. Access to Markets and Rural Poverty：Evidence from Household Consumption in China［J］. The Review of Economics and Statistics，2013，95（2）：682-697.

［23］Fang H.，Lei Z.，Lin L.，et al. "Family Companionship and Elderly Suicide：Evidence from the Chinese Lunar New Year（March 2021）"，NBER Working Paper No. w28566.

［24］Huang W，Zhang C. The Power of Social Pensions：Evidence from

China's New Rural Pension Scheme [J]. American Economic Journal: Applied Economics, 2021, 13 (2): 179 – 205.

[25] Kelly I R, Markowitz S. Incentives in Obesity and Health Insurance [J]. Inquiry, 2009, 46 (4): 418 – 432.

[26] Lewbel A. Using Heteroscedasticity to Identify and Estimate Mismeasured and Endogenous Regressor Models [J]. Journal of Business & Economic Statistics, 2012, 30 (1): 67 – 80.

[27] Li, X., Xiao, Z., Xiao, S. "Suicide among the elderly inmainland China", Psychogeriatrics: the official journal of the Japanese Psychogeriatric Society, 2009, 9 (2): 62 – 66.

[28] Zhao G. Can money "buy" schooling achievement? Evidence from 19 Chinese cities [J]. China Economic Review, 2015, 35 (C): 83 – 104.

疫情对建筑业的影响

——以建筑企业的思考与应对为视角

◎秦　楠

武汉大学社会保障研究中心、武汉大学政治与公共管理学院，湖北武汉，430072

摘　要：2020 年，新冠病毒在全球暴发，也成了我国社会经济运行发展的"绊脚石"，各行各业都遭受到了疫情带来的冲击。建筑业的特点决定了其疫情防控条件较为复杂，受到的影响也较为深远。疫情给建筑业带来负面影响的同时，也带来了新的思考和启示，建筑企业需要思考，在疫情时代如何应对挑战，如何把握机遇，又应如何转变，以适应行业发展的趋势？本文将分析疫情对建筑业带来的不利影响，探讨疫情对建筑业的启示，为建筑业企业提出应对策略。

关键词：疫情；建筑业；应对策略

2019 年 12 月，全国人民开启了同新冠病毒的斗争。随着病毒不断变异，疫情也对我国社会经济发起一轮又一轮猛烈的攻势，我国三次产业均受到了不同的影响。其中，第一产业主要影响的是运输，第二产业主要是生产进度，第三产业则是市场需求。相对而言，第三产业所受的影响更为明显。中国建筑协会曾对全国范围内多家建筑企业进行过问卷调查，并以此为基础，发布《关于新冠肺炎疫情对建筑业企业影响的调查报告》。调查报告结果显示，认为疫情对企业生产造成了很大影响的建筑企业超过 60%，认为影响较小的约占 30%，认为目前没有影响但未来有潜在影响的占 7%，而认为完全没有影响的仅占 0.25%。① 自首例病例的出现，至今已近三年，在此期间，建筑业在疫情的笼罩下受到明显的冲击，但这个冲击是暂时的、阶段性的，从长远来看，建筑业依然有着强劲的发展动力。

一、疫情对建筑业的负面影响

相较于"非典"疫情，本次新冠疫情传播的速度更快、影响的范围更广、持续的时间更长，对各行业的影响也更为深远。对于建筑业来说，疫情影响最大的三方面就是项目建设的成本、工期以及资金。

（一）疫情导致项目成本大幅增加

社会成本的最低价通常出现在社会平稳运行之时，项目成本的最低价通常出现在工期合理、均衡之时。疫情的出现对项目的开工提出了新的要求，防疫工作成了项目各项环节中至关重要的一环，随之而来的，也就是项目防疫成本的产生。另外，疫情导致的建筑材料生产进度受阻、需求量减少又进一步增加了建筑材料的成本，2022 年 1 月至 2 月，全国水泥产量约 2 亿吨，同比下降 17.8%（2021 年同期则为增长 60%），产量绝对值为 2011 年以来同期次低，仅高于 2020 年同期（该时期疫情最为严重）。而同样作为重要建材的砂石在市场的表现也是同样糟糕，据中国砂石协会会长分析，产量的整体下滑主要由两个原因导致，一是疫情阻碍了生产进度，部分地区的石矿无法正常生产，产量大幅减少；二是项目难以正常开工，导致下游需求减少。② 总体来看，疫情导致建筑材料短缺、供应链失衡，建设项目成本显著增加，而随着疫情平缓，大量项目复工复产，对材料的需

---

① 中国建筑业协会. 关于新冠肺炎疫情对建筑业企业影响的调查报告 [J]. 建筑监督检测与造价，2020（3）：61 – 65.
② 李紫宸. 建材市场乍暖还寒：疫情、房地产和"适度超前"的基建 [N]. 经济观察报，2022 – 03 – 28.

要会在短时间内集中，又会进一步致使供应链失衡，导致各项建筑材料资源紧缺，价格大幅上涨。

虽然疫情期间，部分地方政府为应对上述问题出台了相关政策，诸如将防疫产生的成本列入工程造价，明确疫情属于《民法典》中"不可抗力"等，以保护建筑企业的利益，但疫情仍在一定程度上提高了建筑企业成本，减少了企业的利润。根据建筑业协会数据显示，2021年建筑业产值利润率为2.92%，跌破3%，为近十年最低。①

（二）疫情导致项目施工进度明显停滞

按照之前的惯例，建筑企业通常都会在重要节假日前召开各种工作会议，对节后的复工复产进行工作部署，而疫情的到来，则打破了这一惯例，改变了建筑业的施工节奏。

一是人员返岗受阻。疫情期间，各地政府会根据疫情要求当地建筑企业推迟复工或开新工，建筑企业的行政管理人员受影响相对较少，但大部分农民工受复工政策影响严重，难以按时返岗，即便能够返回，项目也可能受政策影响，无法立即进行施工。因此，部分农民工选择另谋职业，根据建筑业协会数据，2020年、2021年，建筑业从业人数连续两年减少。

二是建筑材料难以按期到位。一方面，疫情导致建筑材料生产进度停滞，材料需求紧张；另一方面，疫情会为材料的运输带来阻碍。疫情严重之时，我国多个省地高速管控封闭，收费站、服务区封闭，材料运输困难。

三是复工复产困难。在疫情缓解之后，大量项目会在短期内集中复工复产，部分材料、生产设备供不应求，导致项目往往无法按时复工，从而影响工程进度及结算回款。在疫情环境下，暂缓开工、工期延误、企业运营停滞已成为建筑企业的常态。

（三）疫情增加建筑企业资金压力

在建筑行业中，建筑企业在整条产业链中通常处于弱势地位，随着行

---

① 王晓霞．疫情下对建筑行业的思考［EB/OL］．北大纵横微信公众号：https：//mp. weixin. qq. com/s/tX9eHlttlxlYt2XqxoKkXA，2022.

业竞争的加剧、下游房地产市场环境的变化以及地方政府控制隐性债务情况下，业主垫资施工需求不断增加，而疫情导致的成本增加、项目延期等情况对建筑企业资金实力和资金管理能力又提出了更高要求，项目承揽尤其是金额较大项目的承揽门槛不断提高，资金实力更强的建筑企业在业务拓展方面更具优势，而规模较小的民营建筑企业则更难生存，行业集中度明显上升，行业马太效应进一步凸显。

总体来看，疫情暴发以来，我国建筑企业的营收能力整体保持平稳，短期债务压力尚在可控范围内，随着疫情的缓和，新签合同额和营收都将稳步上涨。但对于规范较小的民营建筑企业来说，其抗风险能力较弱，或许会因此导致资金断流、偿债困难，面临信用降低的风险。

二、疫情对建筑业的启示

疫情对建筑业的影响也并非全是负面的，疫情的暴发，为建筑业提出了更高的要求，为行业的转变提供了契机，同时也带来了新的思考和启示，而这些改变都促进了建筑业的转型升级。

（一）疫情推动建筑业高质量发展

一是推动了装配式建筑的发展。本次疫情防控期间火神山、雷神山等医院的建设，是"中国速度"的体现，也是建筑业高质量发展的有力证明，同时，也突出了一批建筑企业的社会责任担当。在本次武汉的应急建设过程中，装配式建筑展现了其特有的优势。装配式建筑主要使用轻钢结构，装配便捷，使工期大幅缩短。当然，从目前的应急设施建设水平来看，还有诸多不足，需要进一步提高质量和效率，但不可否认的是装配式建筑已是大势所趋，装配式构件安装能力较强的建筑企业无疑会在未来的竞争与发展中占得先机。[①]

二是推动了安全生产意识的提高。目前，建筑行业生产安全事故仍然时有发生，但是在疫情期间，一方面，广大人民群众更加重视安全，强化

---

① 姚兵. 疫情和新基建对建筑业未来发展的思考与启示 [J]. 建筑, 2020（18）: 19 – 20.

了对死亡事故零容忍的认识，一定程度上也对建筑企业的安全生产管理水平提出了更高的要求；另一方面，疫情的暴发也促使建筑企业对项目情况的监督管理需要更加严格，进一步提高了项目安全防护水平。

三是疫情推动了建筑企业管理水平的进步。在疫情防控过程中，多个建筑企业出现防疫不力的问题被通报，受到社会舆论的指责。随着全国疫情防控工作的不断规范，政府部门监督执法的愈加规范严格，也在推动建筑企业不断提升自身的管理水平，以适应政府更加规范、严格的监督管理。

（二）疫情加速建筑业数字化进程

新型基础设施建设如今已成为行业内的热点问题，尤其在疫情的影响下，新基建对经济、产业转型升级及数字经济的发展作用明显。新基建全称是新型基础设施建设项目，主要包含七大领域，多项领域与建筑业息息相关。对于建筑业来说，传统的建筑业管理较为粗放，随着时代的进步，绿色建筑、节能建筑概念的提出，粗放型的管理已无法满足当前时代的需要，探索新基建，向数字化转型已成为当前建筑企业的重要任务。

从需求端来看，我国人民对住房有了新的要求，疫情导致人们长时间居家，对软性服务的要求越来越高，是否配套人工智能、大数据智能服务体系将成为越来越多人的购房标准。对建筑企业来说，项目复工复产后，需要追回被疫情耽误的工期和损失，而数字化可以有效提升企业管理的广度、深度、精度以及效率。同时，大数据等信息技术可以为企业的管理和决策提供相关的信息支撑，为工程提速增效提供有力支持。

相较于传统基建行业，新基建的技术性、专业性还有待完善，新基建的市场也有待进一步挖掘，因此，也更加需要政府的引导和投资，疫情期间新基建的作用让国家也更为重视它的发展。习近平总书记在广西考察时指出，要推动数字产业化进程，带动传统产业走向高端化、智能化、绿色化，推动全产业链优化升级。2022 年 4 月，习近平总书记又强调了数字化在政府职能转变上的重要性，要将数字化广泛应用在政府政务中。截至 2022 年末，我国已有多地密集布局新基建，这也促进着建筑企业的数字化进程提速，能否抓住时代机遇，踏上"新基建"高速发展列车将成为建筑企业能否高质量发展的关键要素。

（三）疫情彰显远程项目管理和办公的重要性

这次疫情使建筑企业对远程项目管理与居家办公这一工作模式有了新的认识，建筑企业因行业特点，往往设置多级架构，管理机构和项目相对分散，而疫情又使大量员工居家办公、项目封闭，建筑企业只能采取居家办公和远程项目管理的方式推进相关工作，这也促使建筑企业必须尽快加大数字化系统的开发力度，积极探索共享服务中心管理模式，加强远程项目管理能力，提高远程办公效率。[①]

（四）疫情促进建筑业持续健康发展

从目前来看，疫情对建筑业的影响是暂时的，从长远来看，建筑业的发展前景仍然是光明的，疫情为建筑业带来了挑战，也提供了更多的机遇，在一定程度上推动了建筑业的健康发展。例如，疫情让政府看到了现有基础设施的不足，尤其在医疗、交通方面，在后续势必会加大相应的投入，人民群众对办公方式、居住环境也有了新的要求。从结果来看，疫情对建筑业的积极影响是大于消极影响的；从未来的发展趋势来看，外部的推动和内在的要求都会促使建筑业持续健康发展。

三、建筑业企业的应对策略

国内新冠病毒蔓延至今，已经成为一个长期持续的社会问题，我们很难预料疫情何时会结束。在这种背景下，建筑企业面对已经变化的外部环境，想要持续高质量发展，必须做好以下几个方面。

（一）进一步加强企业精细化管理

一是要做好成本管控。当下的疫情环境已经成为一种经营条件，疫情可能导致各方产生销售困难、交付延迟、延期开工、应收账款增加等问题，进而导致企业现金流紧张、偿债困难，建筑企业要精打细算，压缩非生产

---

① 何旭. 新冠疫情之下中国建筑业企业的几点思考 [J]. 中国建设信息化，2020（8）：10 - 14.

费用开支，厉行节约，提高节能生产意识。

二是要做好履约管理。复工复产后，建筑企业要制订精准的计划，对各项目，尤其是关乎国计民生的重点项目抓紧施工，和疫情抢工期。若受疫情影响导致建设工程延误，应积极与建设单位沟通，合理顺延工期，利用现有法律法规关于"不可抗力"的认定，免除工期延误的违约责任。

三是做好集采能力培育。疫情暴发，建筑材料生产、运输受阻导致材料供给困难。因此，建筑企业要着力培育自己的集采能力，要与当地政府、供应商就建筑材料的采购、运输等事宜做好充分的协调沟通，确保供应链正常。

（二）进一步加快数字化发展进程

当今的时代是科技的时代，是信息化的时代，疫情加速了数字化进程，同时也加速了建筑业的数字化进程，建筑企业需要把握住当下的机遇，加快数字化转型步伐。

一是要提高对数字化转型的重视。建筑业向数字化转型是未来的大趋势，企业不能以当前不具备转型条件，或转型无法带来短期收益为由就停滞转型的步伐，在当前的时代，不转型就只能等待被时代抛弃，各建筑企业应当提高对数字化转型的重视程度，增强紧迫感。

二是要加强对数字化转型的学习。任何企业的转型都不可能一帆风顺，建筑企业的数字化转型也不可能一蹴而就，在这个过程中，建筑企业应当积极学习新的知识，总结失败的教训。有条件的建筑企业应积极对标转型进程较快的企业，学习其他优秀企业的发展理念、经验做法。

三是要加深对数字化转型的理解。建筑企业不能为了数字化转型而转型，要深刻理解数字化转型带来的好处。要学会运用新基建带来的基础设施条件，适应政府的相关政策，把握新基建市场的机遇，使数字化转型能真正为企业带来质的飞跃。

（三）进一步提升建筑业应急处理能力

本次疫情多家单位因为防疫不力受到通报与处罚，也为整个建筑业的应急处理能力敲了一记警钟。由于自"非典"疫情过后，国内未曾暴发过如此大规模的疫情，许多企业对于疫情的警惕已经有所下降，对于疫情的应急处理能力以及防护水平也有所欠缺。本次疫情何时结束未曾可知，将来何时又出现新的病毒又无法预测，因此，建筑企业需要把本次疫情作为一次"考试"，总结优秀的经验和做法，铭记不足与教训，不断提高应急处理能力与防护能力，为将来可能出现的新的危机做好准备。

（四）进一步塑造企业文化

企业文化是企业的灵魂与根本，火山神与雷神山医院的建设彰显了我国优秀建筑企业的精气神，彰显了企业文化对企业做大做强的基础作用。疫情的暴发，威胁着人民的健康，影响着社会秩序的稳定，在如此危机紧要的时刻，只有具备优良企业文化的企业，才敢于站出来承担这份社会责任。诚然，在这次疫情发生的过程中，也有部分企业选择为了利益背叛自己的合作伙伴，失信于自己的客户，亏待自己的员工，这部分企业虽然一时得以"自保"，但终将会被市场淘汰，会被社会淘汰。

如今疫情形势复杂，不知何时、会在何地又会掀起新的一轮冲击，对于每个建筑企业来说，都要面对着随时承担这份社会责任的准备，而此时也正是建筑企业打造优良企业文化、凝聚企业精神力量的最佳时机。勇于担当、牢记使命的建筑企业必将成为业内的骄傲。正是因为这份使命与担当，会进一步增强企业能够战胜一切困难的信心，在新时代的助力下蓬勃发展。

参考文献

［1］中国建筑业协会. 关于新冠肺炎疫情对建筑业企业影响的调查报告［J］. 建筑监督检测与造价，2020（3）：61 - 65.

［2］李紫宸. 建材市场乍暖还寒：疫情、房地产和"适度超前"的基建［N］. 经济观察报，2022 - 03 - 28.

［3］王晓霞. 疫情下对建筑行业的思考［BE/OL］. 北大纵横微信公众号：https：//mp. weixin. qq. com/s/tX9eHlttlxlYt2XqxoKkXA，2022.

［4］姚兵. 疫情和新基建对建筑业未来发展的思考与启示［J］. 建筑，

2020（18）：19-20.

［5］何旭. 新冠疫情之下中国建筑业企业的几点思考［J］. 中国建设信息化，2020（8）：10-14.

高校后勤开展劳动育人的调查与建议[①]

◎郑　媄[1]　邓铭一[2]

1 武汉大学后勤服务集团；2 武汉大学发展规划与学科建设办公室

摘　要： 新时代高校加强劳动教育，要充分发挥后勤独特的劳动教育资源优势。通过对高校在校学生和后勤干部职工开展双维度的劳动育人专项调查，深入了解高校后勤劳动育人的现状，得出开展后勤劳动育人的几点结论，为形成完善的高校后勤劳动育人体系提供启示借鉴。

关键词： 高校后勤；劳动育人；专项调查

党的十八大以来，党中央高度重视和发展劳动教育，习近平总书记提出"努力构建德智体美劳全面培养的教育体系"，将劳动教育与德育、智育、体育、美育并举，是新时代赋予高校的新使命和新要求。后勤是高校育人体系的重要组成部分，与学生学习生活联系紧密，具有丰富的劳动教育资源，是开展学校"劳动育人"工作的最佳实践场所。因此，聚焦高校后勤的劳动教育资源优势，开展高校后勤劳动育人的专项调查，探究劳动教育功能实现的对策建议，具有重要的现实意义。[1]

---
①　本文为武汉大学 2021 年党建工作一般研究项目"高校后勤劳动育人的探索与实践"（DJG-ZYJ2020‑49）的研究成果。邓铭一为本文通讯作者。

一、开展专项调查的现实背景

劳动教育是一项系统工程，高校要统筹协调教学科研、学工系统、后勤相关部门参与，制定劳动教育总体规划与实施方案[2]，建立与之相适应的目标任务、资源供给、制度建设、评价体系、保障体系、任务分解、细化落实，切实让劳动育人的宗旨落地生根。高校后勤存在大量的生活劳动、服务性劳动契机，包含教室、食堂、校园等劳动实践场所的服务管理职能，有大量基层服务岗位实习实训机会，且后勤服务性劳动方便、节约、安全，可以说是大学生劳动教育、生活教育的重要阵地。

"没有调查，没有发言权" "要有正确的措施，就要做调查研究工作".[3]本文通过实地调研、问卷调查等实证手段，了解劳动教育教学、勤工助学实践的供与求，以期寻求高校后勤劳动育人的途径与方式，在大量调查研究的基础上对高校劳动教育存在问题、主要内容与途径、劳动课程设置等问题进行深入研究，从多元研究视角面向某教育部属重点学校的学生和后勤部门双维度开展高校后勤劳动育人的现状调查，探寻高校后勤深入开展劳动育人的有效对策。

二、专项调查的策划与实施

在以往研究及相关文献资料的基础上，结合高校育人实际情况，科学设计高校学生和后勤干部职工两类调查问卷，内容涉及高校后勤开展劳动育人的地点、方式方法、授课师资及具体举措等。

（一）调查对象

本次调查实行"双维度"调查方式，分别为某教育部属重点学校在校学生和后勤干部职工，获取有效问卷707份，其中学生问卷531份、后勤干部职工问卷176份，有效回收率达100%。

表1　　　　　　　　　　　　调查对象（学生）基本情况　　　　　　　单位:%

性别		学科类别				学制学段				
男	女	理科	工科	文科	医科	大一	大二	大三	大四	研究生
53.48	46.52	16.76	54.99	14.50	13.75	26.93	13.37	5.65	9.42	44.63

以上结果显示，在性别分布上，男女占比均衡；在学科分布上，工科学生的参与度相对较高；在学年上本科生与研究生的总体占比基本持平。

（二）研究方法

本次专项调研综合应用文献分析法、访谈法、问卷调查法和数理统计法等研究方法，采用线下调研与线上问卷调查相结合的方式进行。

三、专项调查情况与结论

（一）学生问卷调查

表2　　　　学生关于高校后勤劳动育人探索与实践调查情况统计表

问卷题目	调查情况
1. 您最喜欢哪种类型的劳动教育实践项目？	日常生活劳动25.42%；生产劳动9.98%；服务性劳动17.14%；创造性劳动47.46%
2. 您更倾向于在哪里参加劳动教育实践活动？	校内41.81%；校外58.19%
3. 您认为学院划片包干校园部分区域组织学生开展集体劳动是否为切实可行的管理举措？	是69.68%；否30.32%
4. 您认为后勤具有实践经验的服务标兵、劳动模范能否担任劳动实践指导老师？	能85.88%；不能14.12%
5. 您更倾向于哪种类型劳动知识与技能类教育培训？	农业21.85%；工业32.58%；服务性45.57%
6. 您更喜欢哪种方式的劳动教育教学活动？	课程授课式23.73%；实践活动体验式84.75%；课题探究式26.93%；勤工助学实践岗53.3%
7. 您更愿意参加高校后勤开设的哪些劳动教育教学实践课程？	公寓物业管理与职业素养27.5%；校园环卫与职业素养31.26%；花卉种植与插花艺术68.74%；膳食营养与健康74.01%；面点烘焙75.89%；商务社交礼仪61.39%

续表

问卷题目	调查情况
8. 您更倾向于哪种形式的劳动教育体验活动?	自身投入体验劳动艰辛 40.11%;参观生产基地了解劳动的过程 20.53%;了解生产原理思考改造创新 17.89%;参加劳动知识与技能教育培训 21.47%
9. 您更倾向于哪种类型的勤工助学实践岗位?	宿舍管理员 43.13%;食堂经理助理 35.4%;校园环境清扫员 23.54%;服务质量督察员 48.78%;校园环境督察员 46.89%;接待服务员 30.89%
10. 您认为高校后勤在增强"以劳创新"方面的具体举措有哪些?	开展劳动创新设计主题活动 68.93%;举办劳动创意征文大赛 35.97%;举办"我为后勤服务出点子"等竞赛活动 51.04%;观摩后勤服务岗位技能竞赛以及岗位技能展演活动 59.51%
11. 您认为高校后勤应从哪些方面完善和加强劳动育人工作的开展?	与学校相关部门拓展劳动途径,努力形成劳动教育协同育人格局 80.23%;发挥后勤劳动教育资源优势,强化劳动教育实践活动的顶层设计与项目规划 75.71%;配合相关部门、院系做好劳动教育实践活动的组织实施 71.37%

关于大学生对劳动教育实践项目的认知(第1、第2题)调查显示,学生总体上最喜爱创造性劳动,日常生活劳动、服务性劳动和生产劳动的喜爱程度依次递减。学生对劳动教育实践活动场所更倾向于选择校外。

关于大学生对劳动育人具体举措看法的调查(第3、第10、第11题)显示,学生认为第3题学院划片包干校园部分区域组织学生开展集体劳动是切实可行的管理举措,学校可予推广实施;第10题中3个子项目认可度依次递减;学生对第11题的所有子项目认可度均超过60%,其中举措一的认可度最高。由此可见,学校后勤不断拓展劳动育人途径,增强劳动育人的吸引性、实效性是学生关注最广泛的。

关于劳动知识与技能类教育培训方面的调查(第5、第6题)调查显示,整体上学生更倾向于参加服务性的劳动知识与技能教育培训。由此可见,学校后勤开展此类培训是可行的,会受到学生欢迎;第6题中,实践活动体验式和勤工助学实践岗很受学生欢迎，高校后勤可重点开展这两类劳动教育实践活动。

关于劳动教育实践课程设置方面的调查（第4、第7~9题），课题组对相关项目进行了交叉统计，第7题交叉统计情况如表3所示。

表3　　　　学生参加高校后勤开设的劳动教育教学实践课程意愿　　单位：%

劳动课程＼调查结果	学科类别				学制学段				
	理科	工科	文科	医科	大一	大二	大三	大四	研究生
公寓物业管理与职业素养	31.46	29.45	15.58	27.40	32.17	28.17	13.33	40.00	23.63
校园环卫与职业素养	35.96	32.53	19.48	32.88	34.27	35..21	30.00	48.00	24.89
花卉种植与插花艺术	68.54	63.01	79.22	80.82	67.83	80.28	70.00	70.00	65.40
膳食营养与健康	70.79	71.23	80.52	82.19	74.13	69.01	76.67	74.00	75.11
面点烘焙	77.5	71.2	83.1	84.9	76.92	81.69	80.00	72.00	73.84
商务社交礼仪	57.3	61.3	66.2	61.6	67.83	76.06	43.33	60.00	55.70

第8题交叉统计情况如表4所示。

表4　　　　学生参加劳动教育体验活动的倾向形式　　单位：%

调查项目＼调查结果	学科类别				学制学段				
	理科	工科	文科	医科	大一	大二	大三	大四	研究生
自身投入体验劳动艰辛	47.19	38.36	48.05	30.14	37.06	56.34	43.33	34.00	37.97
参观生产基地了解劳动的过程	12.36	17.81	16.88	45.21	17.48	15.49	30.00	14.00	24.05
了解生产原理思考改造创新	16.85	20.89	15.58	9.59	23.08	11.27	13.33	22.00	16.46
参加劳动知识与技能教育培训	23.60	22.95	19.48	15.07	22.38	16.90	13.33	30.00	21.52

第9题交叉统计情况如表5所示。

表5　　　　学生的勤工助学实践岗位类型倾向　　单位：%

勤工助学岗位＼调查结果	学科类别				学制学段				
	理科	工科	文科	医科	大一	大二	大三	大四	研究生
宿舍管理员	44.94	44.52	31.17	47.95	41.26	39.44	46.67	56.00	42.19
食堂经理助理	25.84	37.67	44.16	28.77	40.56	39.44	33.33	32.00	32.07

调查结果	学科类别				学制学段				
勤工助学岗位	理科	工科	文科	医科	大一	大二	大三	大四	研究生
校园环境清扫员	31.46	23.97	23.38	12.33	23.78	23.94	36.67	24.00	21.52
服务质量督察员	44.94	48.63	53.25	49.32	53.85	40.85	60.00	48.00	46.84
校园环境督察员	42.70	50.00	37.66	49.32	51.75	40.85	40.00	44.00	47.26
接待服务员	35.96	29.45	37.66	23.29	42.66	38.03	30.00	36.00	20.68

调查显示，第 7 题中学生对参加勤工助学实践岗的意愿普遍不强，说明学生的劳动意识还有待进一步加强。第 8 题中自身投入体验劳动艰辛是绝大多数学生最想参加的劳动教育体验活动。第 9 题中高校后勤开设面点烘焙是学生最想参加的实践课程，另外，膳食营养与健康、花卉种植与插花艺术和商务社交礼仪课程也较受欢迎，高校可参考调研考察情况，结合不同学科、不同学段学生需求喜好统筹考虑。第 4 题调查显示，绝大多数学生对后勤具有实践经验的服务标兵、劳动模范担任劳动实践的指导老师持认可态度，应建立与之相适应的遴选与培训机制。

（二）后勤干部职工问卷调查

1. 调查对象基本情况，如表 6 所示。

表 6　　　　　　　　调查对象基本情况（后勤干部职工）　　　　单位：%

性别		岗位类别	
男	女	管理岗位	工勤技能岗位
59.66	40.34	58.52	41.48

据统计数据，参加调查的后勤干部职工中男女比例以及后勤管理干部与工勤技能岗位职工的占比都基本均衡。

2. 关于后勤干部职工对劳动教育实践项目的认知调查情况，如表 7 所示。

表 7　　　　后勤干部职工关于高校后勤劳动育人探索与实践调查情况

1. 您认为在高校哪个阶段开展劳动育人实践活动效果最佳？	大一本科75%；大二本科11.36%；大三本科7.39%；大四本科3.41%；研究生2.84%
2. 您认为高校学生最应参加哪种类型的劳动教育实践项目？	日常生活劳动39.77%；生产劳动6.82%；服务性劳动40.34%；创造性劳动13.07%

3. 您认为最适合开展劳动教育实践活动的场所是哪里？	校内76.14%；校外23.86%
4. 您是否认为学院划片包干校园部分区域组织学生开展集体劳动是切实可行的管理举措？	是94.32%；否5.68%
5. 您认为后勤具有实践经验的服务标兵、劳动模范、中高级专技人员等能否担任劳动实践指导老师？	能93.75%；不能6.25%
6. 您认为高校学生最适合参加哪类劳动知识与技能的教育培训？	农业13.07%；工业7.95%；服务性78.98%
7. 您认为哪种方式的劳动教育教学活动能达到最佳的育人成效？	课程授课式27.27%；实践活动体验式87.5%；课题探究式26.14%；勤工助学实践岗68.18%
8. 您认为哪些劳动教育教学实践课程最适合学生参加？	公寓物业管理与职业素养71.02%；校园环卫与职业素养85.23%；花卉种植与插花艺术45.45%；膳食营养与健康57.39%；面点烘焙33.52%；商务社交礼仪68.75%
9. 您认为哪种形式的劳动教育体验活动更有利于培育学生正确的劳动观念？	自身投入体验劳动艰辛67.61%；参观生产基地了解劳动的过程7.95%；了解生产原理思考改造创新5.68%；参加劳动知识与技能教育培训18.75%
10. 您认为高校后勤的哪些勤工助学岗更适合作为劳动育人实践岗？	宿舍管理员69.32%；食堂经理助理54.55%；校园环境清扫员73.83%；服务质量督察员60.8%；校园环境督察员61.93%；接待服务员64.2%
11. 您认为高校后勤在增强"以劳创新"方面的具体举措有哪些？	开展劳动创新设计主题活动73.3%；举办劳动创意征文大赛48.3%；举办"我为后勤服务出点子"等竞赛活动75%；观摩后勤服务岗位技能竞赛以及岗位技能展演活动67.05%
12. 您认为高校后勤应从哪些方面完善和加强劳动育人工作的开展？	与学校相关部门拓展劳动途径，努力形成劳动教育协同育人格局78.98%；发挥后勤劳动教育资源优势，强化劳动教育实践活动的顶层设计与项目规划75.57%；配合相关部门、院系做好劳动教育实践活动的组织实施74.43%；加强高校后勤劳动教育实践基地建设，积极搭建平台载体，建立劳动育人长效机制76.14%

关于适合高校学生开展劳动育人的学制学段、活动场所（第 1～3 题）调查显示，大多数调查对象认为在大一开展劳动育人实践活动会取得最佳的效果，年级越高效果依次递减；认为校内是最适合开展劳动教育实践活动的场所，说明后勤干部职工有信心利用校内平台做好劳动育人工作。

关于对高校学生进行劳动教育的具体举措方面（第 4、第 11、第 12 题）调查显示，调查对象对第 4 题学院划片包干校园部分区域组织学生开展集体劳动的认可程度非常高，可予全面推广；调查对象对第 1、第 3、第 4 题子项目的认可度较高，结合该项目学生问卷调查结果，可将开展劳动创新设计主题活动作为重点举措；第 3 题中，绝大多数后勤干部职工认为 4 个子项目的管理措施均可行，与学生问卷调查结果高度吻合。

关于对高校学生进行劳动培训方面（第 6、第 7 题）调查显示，大多数调查对象认为服务性的劳动知识与技能类教育培训最适合高校学生参加，实践活动体验式和勤工助学实践岗两类劳动教育教学活动能达到最佳的劳动育人成效。

关于适合高校学生开展劳动教育实践活动方面（第 2、第 5、第 8～10 题）调查显示，第 2 题中调查对象认为学生更应参加服务性和日常生活的劳动教育实践项目的占比较多，第 5 题中，调查对象的调查结果与学生调查结果高度一致，这充分说明高校后勤应凸显榜样引领作用，在劳动育人中有所作为。第 8 题中后勤干部职工认为校园环卫与职业素养、公寓物业管理与职业素养、商务社交礼仪和膳食营养与健康更适合学生参加，但学生群体更乐意参加面点烘焙。学校可考虑在不同学生群体中差异性地开设与学生所学专业相结合的生活技能类劳动教育实践课程；第 9 题中调查对象认为自身投入体验劳动艰辛的劳动教育体验活动更有利于培育学生正确的劳动观念，这种形式的活动是学生最乐意参加的。学校可科学设置相应的体验式劳动教育活动；第 10 题中调查对象认为所有子项目均适合作为勤工助学劳动教育实践岗。高校后勤可设置多样化岗位供学生选择，培育学生积极参与劳动的意识。

四、高校后勤开展劳动育人的建议

根据习近平总书记关于劳动和劳动教育的重要论述，劳动教育已成为高校立德树人的重要方面。高校后勤具有丰富的劳动教育资源，各地高校都在进行探索实践。"双维度"调查结果反映了学生与后勤干部职工不同视角下对劳动育人的看法。高校后勤可以作为开设劳动教育课程的教学实践单位，成为大学生校内劳动教育实践基地，也可以成为劳动教育实践指导教师的"蓄水池"。学生、后勤干部职工均认为高校后勤劳动育人大有可为、充满期待。笔者认为，新时代高校后勤会深度融入高校的人才培养体系中，发挥更大的作用，结合劳动育人现状与调查调研报告，建议从如下几个方面深入推进探索与实践。

（一）加强顶层设计，建立健全劳动教育体制机制

各高校后勤利用资源优势开展了一些劳动育人探索实践，但大多未能形成体系，还比较碎片化、零散化。部分高校尚未制订劳动教育实施方案，部分制订实施方案的高校尚未实现统筹教育教学、学工系统、后勤服务等劳动教育资源，没有系统建立政策保障、制度规范、考核激励相结合的劳动育人工作机制，存在对后勤劳动育人功能认识不足，关心支持不够，学校资源有效配置与政策扶持力度有待加强的情况，造成一定的劳动教育宗旨虚化。高校要建立劳动教育实践中心，设立专项经费保障，配套相应的管理措施与考核评价机制，授权后勤作为劳动教育教学实践单位提供订单式、多元化劳动教育实践活动，供不同学科、不同专业的学生选择。

（二）构建育人体系，科学设置劳动教育课程体系

劳动教育要与思政教育、社会实践、校园服务、创新创业教育相结合。高校要围绕学生成长成才需要，根据不同学科专业特点，将劳动育人工作纳入人才培养方案和教学计划，探索具有学科专业特色、满足学生群体需求爱好的劳动育人新模式。高校要充分发挥后勤劳动教育资源，将劳动教育实践与思想政治教育紧密结合，利用第二课堂和第三学期实践平台，构建分层分类的劳动育人项目体系，设置劳动课程、日常生活劳动、劳动实

践岗位、劳动实践项目、劳动技能培训、劳动主题集体活动等劳动育人项目类型，引导学生参加符合所在学习阶段特点的劳动实践育人活动，实现从学生入学到毕业的全方位全员全过程劳动育人。

课程是教育活动的核心载体，高校要一体化构建1门劳动教育通识必修课、N门劳动教育技能选修课、X门劳动教育实践课组成的"1+N+X"开放式劳动教育课程体系，实现理论与实践相结合、校内与校外相融通、第一课堂与第二课堂相衔接，第二课堂与第三学期实践相补充，引导学生在课堂中探索，在实践中体悟，在创新创造中提升，努力打造劳动教育升级版。高校后勤应积极配合学校完成劳动教育选修实践课程的设置，并结合后勤管理和服务资源，充分考虑学生的兴趣爱好，设置相应的课程学分，通过"线上+线下""理论+实践"的教学方式，构建新时代富有后勤特色的劳动教育选修课程体系，让学生在系统学习中提升劳动素养。

1. 设置劳动技能课。劳动技能课主要以理论教学为主，内容要准确把握新时代劳动工具、劳动技术、劳动形态的新变化，增强劳动教育的时代性，重点培养学生掌握一定的劳动技术和技能，为劳动实践打好基础。比如介绍劳动机械与安全操作，开设面点烘焙、膳食营养与健康、花卉种植与插花艺术、商务社交礼仪等喜闻乐见的劳动教育选修课程，线上与线下相结合，提高劳动课的附加值与含金量，让劳动课成为一门受学生欢迎的课程。

2. 设置劳动实践课。加强劳动实践课程建设，明确要求各院系结合学科专业特点开设专业实践劳动课程。高校后勤劳动实践课以实践教学为主，让学生直接参与劳动，正确使用常见劳动工具，具备完成一定劳动任务所需要的设计、操作能力及团队合作能力，注重学生的劳动体验和收获，提升育人实效性，比如管理助理、宿舍值班、校园环境督察、服务质量监督、接待服务、校园环境清扫等，让学生参观校内外生产基地了解服务过程等。后勤生产场所、服务现场应该成为大学生劳动教育的第一实践课堂，大学生聆听专业一线劳动技师讲解知识要点和进行基本技能传授，感悟劳动探美、劳动求真、劳动为实的朴素心理过程，真正发挥后勤系统全过程、全方位、全时段的育人形式。

（三）挖掘育人资源，建立校内外后勤劳动教育实践基地

调查显示，劳动实践岗位和劳动实践基地是广受学生欢迎的劳动教育形式。高校后勤应根据行业特点，开展日常生活劳动，锻炼学生的生活自理自立能力；设置大量劳动教育实践岗位，引导亲身体验劳动的魅力，培育学生养成良好的劳动习惯。通过设置勤工助学岗位，提高劳动能力，培育劳动意识。后勤还应充分发挥校企行业社会服务优势，挖掘专业学习、职业技能等学习内容，开拓校外实习和社会实践基地，使劳动育人的内涵更丰富，形式更多样。

1. 开设服务性劳动实践项目群。高校后勤可以参与劳动教育教学实践活动的策划，利用场所优势、生产与经营服务优势组织实施劳动教育课程的项目实践，让学生观摩与体验不同行业的生产服务流程，打造成为学校劳动教育教学实践的"第二课堂"。在依托高校后勤开展劳动教育的过程中，要围绕脑体劳动，重点突出专业劳动，力求第一课堂和第二课堂的精准对接，让大学生在参与劳动的同时，更好地提升专业技能。高校后勤的工作内容涉及工学、管理学、农学、经济学等多门学科，环境设计、风景园林、经营管理、工程管理、设备维护等很多专业性的内容，都适合大学生参与。例如，高校后勤在美丽校园建设中，可以吸引园林设计、环境设计、植物学等专业的大学生参与，用专业性内容提升劳动教育的吸引力和参与度。

2. 组织服务性劳动技能教育培训。高校后勤开展烹饪技能、古树名木与樱花、宿舍安全防火防盗等公开劳动教育培训，提高同学的动手实践能力、消防安全能力和自我保护能力，进一步提升爱校情怀。

3. 开展后勤劳动主题集体活动。高校后勤以培育学生崇尚劳动、弘扬劳动最光荣的主题教育为主，组织学生参与后勤岗位技能竞赛、技能展演、"后勤岗位能手""珞珈工匠"等评选与表彰活动，发挥"榜样引领"作用。开展学生创意劳动竞赛，推进劳动竞赛课程化，形成以赛促教、以赛促学的竞赛育人模式。以爱国卫生运动和美丽校园建设为契机，将校园划

片包干责任分区到院系，结合植树节、学雷锋纪念日、五一劳动节、农民丰收节、志愿者日等，制定劳动任务清单，便于院系开展丰富多彩的 劳动主题集体活动，营造爱校护校、劳动光荣、劳动伟大的校园文化氛围。后勤服务标兵、岗位能手开设"劳模大讲堂"，面向在校学生宣讲先进事迹。

参考文献

［1］李熠．劳动育人——新时代高校后勤的新使命［J］．知识经济，2019（27）．

［2］郑媖，李建平．高校后勤劳动教育功能实现的对策研究［C］．武汉：［武汉大学出版社］，湖北省高校后勤管理研究优秀理论成果集萃，2019．

［3］聂靖，郑媖．新时代高校后勤劳动育人的创新实践与思考［C］．武汉：［武汉大学出版社］，新时代高校后勤党建与宣传思想政治工作探索与实践，2020．

应对农村人口老龄化　防范新农保制度风险

——评《新型农村社会养老保险风险识别与防范研究》

◎孟颖颖

武汉大学政治与公共管理学院，湖北武汉，430072

随着生活水平、医疗水平的提高以及生育率的下降，人口老龄化问题越发突出，尤其是受到城镇化进程加快和城乡人口流动的影响，农村地区人口老龄化程度更加严重。在此背景下，如何在农村实现"老有所养、老有所依"的目标成为无法忽视的社会问题之一。

当前我国新型农村社会养老保险制度作为保障农民基本生活的核心制度安排，在应对养老问题方面发挥了重要作用。但是受到制度自身不足以及外部环境的制约，制度运行的实际效果和预期效果之间还存在偏差，表现出一定的不确定性和波动性。新农保制度作为社会安全的"稳定剂"和"安全阀"，如何最大限度地防范其运行过程中产生的不确定性是需要深入探讨和研究的重大问题。湘潭大学何晖教授的专著《新型农村社会养老保险风险识别与防范研究》（中国社会科学出版社）中运用跨学科理论知识和研究方法，基于实证分析和数据研究，对当前新农保制度中的风险因素和防范策略进行了深层次的探讨。该书结构完整、条理清晰，对当前养老体系的完善具有积极的现实指导意义，对中国新农保制度风险防范领域的研究作出了有益推动与贡献，是一部值得借鉴与参考的学术著作。

《新型农村社会养老保险风险识别与防范研究》一书的研究内容主要可以划分成三大部分：第一部分，新农保中的风险鉴定与风险因素的全面识别；第二部分，新农保中的风险因素的分析评估；第三部分，根据前文探讨结果对症下药，提出相关的防范措施和应对策略。

笔者认为，书中的研究内容，对新农保风险的理解与防范具有积极意义。书中第一部分借助经济学理论模式分析了新农保制度的实施效果，并在此基础之上采用实证的方法完成了对理论模式的具体检验。主要特点体现在以下两方面：

其一，相较以往研究，本书较为全面地考虑到新农保"保基本""可持续""城乡统筹"的三大基本目标，将此作为完善新农保制度体系的三大标准，并在此标准上阐述了新农保风险的含义。此外，本书还在文中系统地演示论证了新农保风险的形成过程和来源，并以图表的方式进行呈现，让读者能够清晰直观地了解其中机理。

其二，在内容上对新农保制度中的风险因素进行了系统全面的分类。本文明确以"保基本""可持续""城乡统筹"的三大基本目标作为风险识别的依据，通过论证演示风险的形成过程，创新性地将各种风险划分为制度内生、制度外生和外部效应风险三大类。同时弥补了以往相关研究对新农保产生的负外部效应关注不足的空白，对其进行翔实的分类阐述，将负外部风险细分为经济方面的风险、社会方面的风险以及政治方面的风险三大类，为下文分析奠定了基础。

第二部分是对各项关键性的风险因素进行逐一评估。先对相关的风险因素从定义、特征、类别等方面作出详细阐述，再采取适当的方法进行深入分析。例如，在养老金替代率风险的分析中运用定量分析法，先将其划分为基础养老金替代率风险、个人账户养老金替代率风险和总养老金替代率风险，并列出相关的计算公式，再依据各统计局人社局的数据进行分析，构建相关理论模型，具有严谨的论证依据。这一部分综合运用了经济学、保险学、管理学、统计学等多种学科的交叉知识，通过大量的定性定量分析、实证分析加强了论证的精准性和科学性，为后续研究提供了可靠的参考依据，呈现出的结论，对于深化新农保风险研究具有一定的实践意义。

第三部分是对症下药，提出了一套较为系统、全面的风险防范策略。文章根据前文所阐述出来的各项风险，提出了一套体系化的防范策略。例如，在新农保经办管理风险评估中将其划分为经办主体、内部流程、管理信息化和外部事件风险几大方面，并在新农保经办管理风险的防范中一一对应，提出了强化经办管理队伍、建设经办管理标准化体系和加强网络信息安全的举措。从多个角度来探讨新农保风险防范策略，可以体现出研究的精准性。

值得注意的是，在研究整合过往风险防范策略的基础之上，何晖教授又创新性地提出了一些改进之处，具体表现在以下几个方面：针对不同地区之间养老金额发放差异过大的问题，提出参照城镇养老保险中的计发方式，以比率待遇计发方式替代定额计发方式，以此来适应不同地区之间经济发展水平实现"保基本"的制度目标；对于当前制度中参保多于 15 年的人群在金额发放时比缴费时间短的人群发放少，提出落实"长缴多补"的补贴政策激励个人缴费来化解反向激励风险；对于当前制度中缴费不足 15 年的群体未强制落实相关养老金额发放的问题，提出破除缴费年限，或者在城乡流动中只需要合计缴费年限足够即可；对于当前个人账户计发系数以 1、3、9 月为标准出现的偏差致使养老金额在大多数情况下存在提前支取时，强调从省市级两个微观层面来解决差异问题；对于政府财政压力过大但是各级政府权责不清晰容易推诿扯皮，过早领取导致基金失衡风险过大时，明确各主体的责任并提出逐级差额补贴，提高了办事效率的同时也增强了政府的公信力；大量进行对比研究，更加直观地突出所强调的问题；以往从居民幸福感这一风险角度进行切入的图书少，本书对此用大量笔墨进行了关注与研究；措施中加入宣传新农保制度的效果，有一定的示范效应，直接从相关群体最为关心的层面进行激励。

在整个研究过程中，何晖教授对于前人的相关研究成果进行了回顾与分析，并在此基础上进行借鉴、融合、分析、探索，提出自身的深刻见解，这对于新农保在理论、内容、方法等层面上的研究都具有重要意义。

此外，何晖教授在本书写作上也能够提供诸多启示：一是对基本概念进行阐述时，应当围绕内涵外延两方面展开，在遇到易混淆概念时可以进行联系与区别。二是在方法论上，应当进行个性与共性的统一，遇到特殊情况时可以单独进行阐述和分析。例如本书在探讨风险防范策略时，提出针对特殊人群，效仿印度的小额养老金制度，既对特殊情况进行了分析，也能够有效解决当前养老金制度覆盖不全面的通病。三是在写作时要重视"上游思维"，强调"防患于未然"，本书中所强调的风险识别本身就是"防患于未然"的体现，同时在分析解决措施时强调建立系统性的预警机制，从源头进行把控和解决。

根据对该书内容的分析研究得出，当前新农保风险防范的重心在制度内生风险的防范上，主要包括稳定养老金替代率、避免个人账户计发系数风险、加强制度一体化程度和衔接、加强防范基金管理、筹集管理和经办管理风险。除此之外，本书也探讨了制度外生风险和外部效应风险的防范策略。

本书提出的对新农保风险外部防范的政策建议，具有可借鉴意义。

（1）加快生产力的发展，提高整个社会的经济发展质量与活力。财政是新农保制度重要的经济支撑，书中侧重于微观角度来分析各个主体之间的义务与责任从而完善财政制度。笔者认为，从宏观上来说，风险防范策略最为根本的就是发展生产力，提高整个社会的经济发展水平，将"蛋糕"做大从而在确保公平的情况下最大限度满足个体需求。尤其是近两年受到疫情的冲击，经济增速放缓，呈现出下行压力，不管是对于防范新农保风险还是整个社会的发展来说，经济发展都是坚实的支撑基础。例如激活农村土地生产要素、发展机械化农业、提高土地的利用率；开展"电商助农"，增加农民增收的渠道和途径，提高收入水平，增强新农保外部风险的防范力度。

（2）加强孝悌观念宣传，提升家庭养老模式的成效。何晖教授在研究中得出，家庭养老不管是在经济上还是在精神上都有利于提高农村老人的主观福利，因此，必须对家庭养老模式给予足够的关注度。笔者认为现如今需要把政策支持的侧重点部分转移到精神方面。随着现代社会经济快速发展，新一代的年轻人的自我意识更加强烈，加之城市之间人口的流动性增强，农村的"空心化"问题严重，这给传统家庭养老模式带来了冲击。因此，应该加强孝悌观念的宣传，鼓励子女多利用通信设备等关心家中老年群体，常与其联系，减轻老年群体在精神上的失落感，这也有利于防止一些针对老年人群体诈骗行为的发生，建设和谐的家庭关系，从而增强整个社会抵御新农保外部风险的水平。

（3）发展智慧养老和农村互助养老，减轻家庭养老缺失带来的风险。我国长期以来受到"养儿防老"观念的影响，在养老模式的选择上，大多数倾向于家庭养老的模式。但是随着社会压力的增大，仅仅依靠家庭养老模式不利于整个养老事业的可持续发展，需要与其他养老模式互补结合。一是发展智慧养老，利用互联网实现线上线下养老相结合，既有利于丰富老年人生活、增强信息可及性，避免与时代脱节，也有利于密切老年人与子女的联系、提高老年人生活幸福指数，更能够依托互联网对老年人的身体健康进行实时监测、减轻子女负担。但是需要重点探索最大限度激励老年人主动学习、教授老年人学会利用互联网的方法与路径。二是发展农村互助养老，构建养老事业命运共同体，目前已经有部分地区在进行相关实践。互助养老实质上是一种基于交换和互惠的养老方式，强调老年人在资金、服务、文化三个方面的互相帮助，"变老为宝"来实现自我管理和自我服务，这既有利于充分利用老年资源，又有利于增强老年人的自我满足感和幸福感以及整个社会抵御新农保外部风险的能力。

总的来说，何晖教授以敏锐的洞察力对于新农保制度中的风险进行识别与防范研究，本书值得展开更深度的研读和学习。

参考文献

［1］曹瑞阳. 基于儒家思想的现代养老制度的发展和创新——评《至

德要道：儒家孝悌文化》[J]．中国油脂，2021，46（6）：162.

　　[2] 张琪．我国农村居民"新农保"参保行为的实证研究 [D]．山西财经大学．

　　[3] 蒲新微，孙宏臣．互助养老模式：现状、优势及发展 [J]．理论探索，2022（2）：54－60.

　　[4] 刘妮娜．农村互助型社会养老：中国特色与发展路径 [J]．华南农业大学学报（社会科学版），2019，18（1）：121－131.